我決定簡單的生活 2

The Last Self-Help

50個
不勉強就做得到的習慣

佐佐木典士 著

suncolor
三采文化

獻給所有意志力薄弱的人

CONTENTS

第 2 章 何謂習慣？

WHAT ARE HABITS?

第 3 章 五十項習慣法則

50 STEPS FOR MAKING NEW HABITS

第 4 章 現在的習慣，決定你未來的樣子

WE ARE MADE OF HABITS

前言

今天開始，不再對努力與天分感到自卑

我是個沒有天分的人，但我不自卑。

以前的我無論做什麼，從來沒有一件事能堅持下去，不管是運動或唸書成績都不是特別出色。不過，自從我開始接觸並學習「習慣」這件事之後，我改變了我的想法，對現在的我來說，有沒有天分根本一點也不重要。

天分不是天生，只是習慣養成後，反覆進行的一種「創造性產物」。我很喜歡的作家坂口恭平，他寫小說時總是會運用與一般作家完全不同的文字，他還能用吉他做出感動人心的歌曲，創作出就連現代藝術家也自嘆弗如的繪畫作品，最近他甚至開始製作椅子、編織衣物，不管怎麼看他都是天才。

事實上，坂口先生還是新人作家的時候，他的父親曾對他說：「你不是寫作的料，還是放棄吧！」；他的弟弟也毫不留情地批評：「你寫書不過是瞎貓碰到死耗子，運氣好罷了！」。坂口先生最常說的一句話就是「我沒有寫作的才能，但我還是繼續寫」。鈴木一朗與村上春樹這些活躍於國際的頂尖人才，他們都謙虛地表示自己並不是天才。

但是，人們總是憧憬嚮往天才的故事。例如，因憤怒而喚起潛藏能力的經典動漫作品《七龍珠》；成天只會打架的櫻木花道，卻擁有絕佳跳躍力，最後還因此加入了籃球隊的《灌籃高手》；以及被上天選定的救世主忽然展現驚人能力的好萊塢電影《駭客任務》（Matrix）。

這些例子都不是真實的生活案例，在現實生活中的我們都知道，所謂的天才都很努力。曾經有人說過這麼一句話：

天才不過是持續努力的人。

——埃爾伯特・哈伯德（Elbert Hubbard）

他說的沒錯，天才就只是堅持努力的人而已，這句話讓我覺得自己或許也有持續努力的天分。直到現在還是有許多人誤解了天分和努力的關係，天分既不是上天賜給你的才華，努力也不是非要經歷痛苦才有結果的過程。其實一切都和習慣有關，我想讓和我一樣的一般人，都能重新理解天分與努力的意義，天分與努力並非少數人才能擁有的特權，只要透過一些技巧慢慢學習就能得到。

簡單整理這本書內容，就是以下三個重點：

- 天分不是天生，只是習慣養成後，反覆進行的一種創造性產物
- 養成努力的習慣，就能堅持下去
- 我們該學的是養成習慣的方法

我的前作《我決定簡單的生活》，讓我不再對金錢和物質感到自卑，同樣地，這次我想透過這本書，讓我不再對努力與天分感到自卑。這本書對我來說，就像是最後的自我啟發，開始進入主題之前，先來了解各章節的重點精華。

本書構成

就跟習慣養成一樣，一開始總是最難的，如果你想快速了解習慣究竟是什麼，可以先只讀第三章。

第一章首先要探討的是意志力。不管你想養成什麼習慣，三分鐘熱度絕對無法完成，人在遇到瓶頸時，總會說我的意志薄弱來搪塞。這一章我們將一起思考意志力的強與弱，究竟是什麼樣的概念。

第二章探討的是何謂習慣？還要深入研究意識。習慣就是未經思考的行動，而意識代表我們的心，當我們能不用喚醒意識就採取行動，這就是習慣。

第三章將分階段具體說明五十項習慣法則。無論你想要戒斷或重新開始從事某件事，這一章都能成為你最好的參考準則，市面上已經有許多與習慣有關的書籍，這本書是將各種內容去蕪存菁後，精選最精華的一本。

第四章是分享我在習慣養成的過程中得到的啟發，與對努力與天分的重新解讀，還會提到實踐習慣時的感受。讓讀者們明白習慣的可能性有多寬廣，習慣不但能幫助我們達成目標，還有更深層的意義。

習慣，能造就第二天性。

——西塞羅（Marcus Tullius Cicero）

習慣是第二天性？
不，習慣是十倍的天性。

——威靈頓公爵（Duke of Wellington）

第 1 章

意志力是否與生俱來？

ARE WE BORN WITH WIILPOWER?

極簡主義者的一天

我最喜歡的電影導演柯林・伊斯威特（Clint Eastwood），曾說過一句很帥氣的話，他說：「我就是自己想成為的那個人。」雖然我還達不到這個境界，但現在的我每天過的生活，正是以前的我一直想要的。接下來，我想向各位介紹我每天起床後，大致的生活情形。

就連週末與例假日也是同樣的作息，若有特殊安排，例如和朋友見面、出門參加活動、旅行等，就將那天訂為休假日，我通常一週休息一天。我今年三十八歲，單身，一個人生活，靠寫作維生。各位或許覺得只要單身、工作時間彈性的自由工作者，都能這樣過生活吧。事實上，在我獲得嚮往的自由和充裕的時間後，現實與想像卻是截然不同。

我的一天

05:00	起床→做瑜珈
05:30	冥想
06:00	寫書或寫部落格
07:00	打掃→淋浴→洗衣服→吃早餐→做便當
08:00	寫日記→說英文→看新聞或上社群網站
09:10	能量補眠（戰略性睡回籠覺）
09:30	到圖書館「上班」
11:30	午餐
14:30	從圖書館「下班」
15:00	能量補眠
15:30	上健身房
17:30	到超市購物、回覆電子郵件、上社群網站
18:00	晚餐後看電影
21:00	拿出瑜珈墊做伸展操
21:30	就寢

短暫享受的隱居生活

無論是鋪設屋頂的師傅或從事任何工作，
每個人都有適合自己的職業。
人唯一不適合的，就是每天待在家裡。

——布萊士・帕斯卡（Blaise Pascal）

我在二〇一六年辭去出版社的工作，以自由工作者的身分開始寫作，當時的我剛拿到獎金與退職金，因此暫時不用擔心沒錢。每天想要睡到幾點起床都可以，沒有人會對我發脾氣，想去哪兒玩就去哪兒玩，可以隨心所欲地過生活。我當編輯十二年，每天忙得不可開交，所以我認為我值得享受一段悠閒的自由時光。

這段時間裡，我嘗試了潛水、衝浪與馬拉松，這些都是以前的我，希望有一天一定要完成的願望清單。我還挑戰了許多新奇事物，包括開車、種菜等等，我還從東京搬到京都，到陌生的關西地區生活，覺得很有趣。

這樣看似理想的生活，相信也是不少人的夢想吧。總是想著若是自己中樂透或退休，也要這樣生活，只做喜歡的事，充分享受自己想完成的夢想。

不自由反而更快樂

我在當編輯時，很喜歡在午餐後，短暫的午休時間讀書。我一直以為辭職後，我就有更多時間可以看書，事實上完全不是這樣。當你一整天都有空看書，你反而不會拿書出來看。人們老是想像如果有時間就去做某件事，其實有時候反而是因為時間太多，才無法做某件事。

每天都在找想做的事，其實很辛苦。剛離職時為了打發時間，我淨找些雜事來做，想辦法上網搜尋好玩的地方然後去探險，但不久之後就膩了。後來我發呆的時間愈來愈長，我拿起在做筋膜放鬆法時使用的球拋向空中，再接住落下來的球，傳接球的技術變好，成了我那陣子最大的成就。

有一次，我大白天就去附近的溫泉泡湯，但一點也不好玩。會有這樣的感覺也很正常，泡溫泉原本就是要消除壓力與疲勞，但當時的我根本沒有任何壓力與疲勞，自然沒有療癒的效果。

根據某個研究結果，當每個人每天的自由時間超過七小時，反而會使幸福度降低。我經歷過這樣的生活，所以十分同意這個結果。我一直以為充足的時間與可以完成夢想的自由，是幸福的必要條件，但當你真的具備這兩項條件時，才會發現一點也不幸福。

想盡辦法擺脫不自由的生活，在前方等著你的卻是自由的痛苦。甘地（Gandhi）曾說：「懶惰讓人開心卻很痛苦，想要幸福就一定要做事。」甘地說的沒錯，什麼事都不做真的很開心，但也很痛苦。

我初次嘗試種菜時，沒有一棵活下來，我看著死掉的蔬菜，想著這就是我現在的寫照，我的生活不該如此才對。常有人鼓吹只做自己喜歡的事，這個觀念是對的，但和只做快樂的事，是截然不同的兩碼事。

「極簡主義」是張人生安全網

將我從痛苦中拯救出來的就是極簡主義，家裡的東西變少了，我也養成了整理與打掃的習慣。心理狀態與房間狀態彼此連動，家中隨時保持整潔就像是一張安全網，鋪設在我的人生谷底，讓我不再向下墜落。東西變少真的拯救了我。

戒酒對我來說也是好事一樁。我相信如果我沒戒酒，一定從大白天開始就喝酒，把自己搞得一團亂。其實我心裡很明白，當時的我欠缺的是，每天確實活著的感覺，我需要的是一天比一天更進步的感受。

偶爾裝病向學校請假成功的那一刻，確實會十分興奮，但如果天天裝病請假，就沒有任何樂趣。有時無心工作，就在公告白板上隨便寫個理由早退，但每次總會在回家的路上苛責自己。

實踐極簡主義之後的我，選擇了「習慣」做為人生課題，現在想來這是命中註定的結果吧。若沒有這個課題，我很可能會回到成為極簡主義者之前的荒唐狀態。

不可否認，這些習慣幫助我維持單身和自由工作者的狀態，若各位家裡有小孩，絕對不可能過著跟我一樣的生活。不過，光有大把的時間與能量，若沒養成習慣，反而會成為繼續成長的阻礙。即使是忙於工作和育兒的人，都該努力養成習慣，我堅信這些從極簡和習慣養成後的啟發，絕對會讓人生更順遂。

新年願望為何年年都在做？

我的新年願望從來沒有實現過。

- 早起，養成規律的生活作息
- 保持居家環境整潔
- 飲食不過量，維持正常體重
- 定期運動

● 凡事不拖延，認真學習與工作

睡眠、整理收納、飲食、運動、學習與工作，這些都是我們大多數人，想要養成的習慣類型。問題在於，為什麼養成習慣如此困難？我也和大多數人一樣，都會在新的一年許下新年願望。但根據二〇一四年的某項調查顯示，新年願望的目標達成率只有8％，我就和另外92％的人一樣永遠達不到目標，而且每年的新年願望還都大同小異，沒什麼變化。

我自認是意志力薄弱的類型。每次遭遇失敗，大家都會用意志力薄弱為藉口搪塞過去，讓所有人都認為，這個世界上分成意志力堅強和薄弱兩類，這就是為什麼我想在第一章討論意志力的原因。

大家總是將意志力掛在嘴邊，卻不明白真正的意義到底是什麼，所以我想釐清意志力的真相，並了解該如何運作。話說回來，為什麼養成習慣這麼難？答案就是，眼前的獎勵與未來的獎勵互相矛盾的關係。

習慣養成取決於獎勵與懲罰

獎勵與懲罰是養成習慣不可或缺的關鍵，這裡就先簡單整理一下觀念。

- 享受美食
- 想睡多久就睡多久
- 獲得錢財
- 與自己喜歡的人或同好交流
- 在社群網站上獲得網友按讚

以上這些都是獎勵。只要是讓心情愉快的事情都是獎勵，人類的所有行動，都是為了獲得某種獎勵，關鍵在於獎勵本身是有矛盾的。享受眼前的甜點是種獎勵，但忍住不吃甜點，讓身體健康又能擁有凹凸有致的身材也是獎勵。吃太多的結果是發胖，甚至生病，這就變成了懲罰。盡情享受眼前的獎勵，未來不但無法獲得獎勵，反而會遭受懲罰，這就是最大的陷阱。

其實，每個人都知道自己應該採取哪些正確的行為，例如：

- 忌口就會瘦
- 不要總是躺著，應該起身運動
- 不要通宵玩樂，應該早睡早起
- 不要沉迷於滑手機和電玩，應該認真讀書與工作

但是就是很難做到。早起可以好整以暇地準備出門，搭上乘客不多的電車（獎勵），卻因為無法戰勝眼前多睡五分鐘的獎勵，不斷按下鬧鐘的貪睡按鈕；心裡明白再喝下去絕對會宿醉（懲罰），卻無法放下手中的紅酒杯（獎勵）；雖然知道再不寫功課、不認真工作，對未來一點好處都沒有（懲罰），卻還是忍不住地拚命滑手機（獎勵）。

無法養成好習慣的原因，是因為抗拒不了眼前的獎勵。我們總說能拒絕眼前誘惑

的人是意志力堅強的人，而這些人都是能獲得未來的獎勵或避開懲罰的人。

你會選今天的一顆蘋果，還是明天的兩顆蘋果？

要是海螺小姐①對放學回家的磯野鰹說：「阿鰹，你回來啦！你出去玩之前如果先寫完功課，『一年後』我就讓你吃蛋糕喔！」聽到這句話，你會做何感想呢？如果海螺小姐真的這麼說，我想任何人都會立刻跑出去和同學一起玩。

人不擅長想像太久之後的未來，正因如此，人才無法抗拒眼前的獎勵。行動經濟學家理察・塞勒（Richard H. Thaler）做了一個蘋果實驗，透過這個問題，各位不妨思考一下，你會選擇Ⓐ還是Ⓑ呢？

問題一

Ⓐ一年後獲得一顆蘋果

Ⓑ 一年又一天後獲得兩顆蘋果

所有回答者都選擇 Ⓑ 選項。他們認為既然都等了一年，再多等一天也無所謂，而且還能多得一顆蘋果。但回答第二個問題時，結果頗令人玩味。

問題二

Ⓐ 今天獲得一顆蘋果

Ⓑ 明天獲得兩顆蘋果

面對問題二，許多剛剛回答 Ⓑ 的人卻選擇了 Ⓐ。問題一和二的行動與獎勵是相同的「多等一天就能多得一顆蘋果」，但面對問題二時，答案卻改變了。有些人可能會說，每個人對蘋果的喜好程度不同，不是所有人都像亞當一樣，無法抗拒蘋果的誘

---

① 《海螺小姐》：日本漫畫家長谷川町子在一九四六年發表的四格漫畫。

惑。那麼，我們就用絕大多數人都喜歡的金錢來做實驗好了。

Ⓐ星期五獲得現金一千圓

Ⓑ隔週星期一（亦即三天後）獲得比星期五多25%的現金，一千兩百五十圓

有趣的是，在星期五以前問這個問題，絕大多數的人會很合理地選擇Ⓑ。但如果是星期五當天問，高達六成的人會改變心意，直接選擇一千圓。現在很冷靜在讀這本書的讀者，或許會選擇Ⓑ，但若是白花花的一千圓鈔票在你眼前揮舞時，你會怎麼選擇呢？

一般人無法想像一年後才拿到蘋果是什麼感覺，因為覺得無所謂，所以才會選擇多等一天。這代表未來的獎勵對一般人毫無價值，不只是獎勵，懲罰也一樣。就像學生寫暑假作業，若沒有每天按照進度完成，到了八月底一定會手忙腳亂。但許多人在七月的時候，根本想像不到自己在八月底會有多慌亂，所以能拖一天是一天。

吸菸可能會在多年後讓自己罹患肺癌、吃太多甜食很可能罹患糖尿病，但人們對

於這些未來才會遭受的懲罰絲毫不在意，反而是擺在他們眼前的尼古丁和糖分誘惑更大、更有價值。

貴近賤遠，這就是人性！

人有高估眼前獎勵，低估未來獎勵與懲罰的習性。用行動經濟學解釋，這種與生俱來的特性稱為「雙曲折現」。人無法像電腦一樣理性地判斷價值，只想立刻吃下眼前看得到的蘋果；今天可以拿到的一千圓，比三天後的一千兩百五十圓更具吸引力。簡單來說，人就是沒有耐性。

當獎勵過於遙遠，就無法激起立刻行動的意願。就算忍著不吃眼前的美食，就算今天出門慢跑，明天也瘦不了一公斤，想要瘦下一公斤，可能得等到一個月後，甚至三個月後才有效果。「雙曲折現」就是讓我們很難養成好習慣、減肥失敗、懶得運動、生活不規律、拖延唸書和工作的原因。

雙曲折現

A

問題一

B

一年後獲得一顆蘋果

一年又一天後獲得兩顆蘋果

A

問題二

B

今天獲得一顆蘋果

明天獲得兩顆蘋果

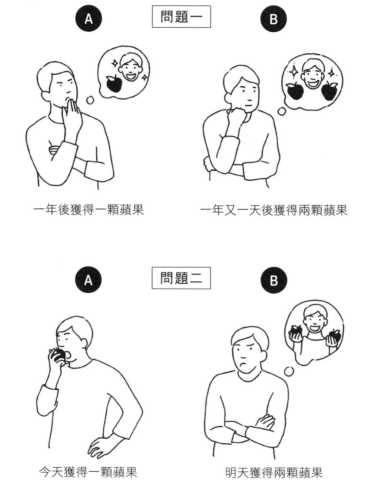

為什麼我們無法忍耐？

話說回來，人為什麼會無法擺脫「雙曲折現」的刻板觀念呢？原因在於過去的人類過著狩獵採集的原始生活，現代人即使科技進步，生活有了很大的改變，但在生理與心理上其實與過去沒有太大區別。

人類文明只發展了五千年，僅占人類史的0.2％，也就是說，人類的身心有99％還是停留在過去的狩獵生活。人種要花數萬年才能進化，因此現在的我們，仍會不自覺地選擇遠古的生存戰略。

在遠古時代想要活下去，最重要的就是取得食物。那個時代很難維持穩定的食物來源，經常有一餐沒一餐，因此只要找到食物就會立刻吃掉、無法忍耐，這才是最有效的生存之道。

然而，現代的生活型態與遠古時代截然不同。以日本這類先進國家為例，絕大多數的國民無須擔心是否溫飽，超市和便利商店的貨架上，隨時擺著滿滿的高熱量美食。現代人反而應該避免美食的誘惑，勤加運動消耗卡路里，少吃多動成了遠離疾病、延年益壽的生活型態。

照理說，在獲取所需卡路里後，像貓一樣躺著休息才是最有效率的生活方式。但人與貓不同，社會環境錯綜複雜，只是一直躺著休息根本無法活下去。人類的工作已經到達高度專業化，人們必須忍受枯燥的學習過程，挑戰困難的資格考試，才能獲得有利於提升工作表現的資格（證照），賺取更高的收入。

遠古時代的人類活在明天可能就會被野獸吃掉的高危險環境下，男性根本無暇享受戀愛、歌頌單身，只要找到願意接受自己的女性，就要趕快與對方交歡，繁衍後代，這才是延續血脈最有效的策略。

換作是現代女性，絕對無法接受如此性急的男性。社會的遊戲規則已經變成不看近利，而是追求未來的獎勵，但人類基因中的玩家特性卻從未改變，這就是產生「雙曲折現」現象的原因。

屈服誘惑與抗拒誘惑之間的差別

有些人無法抗拒眼前的誘惑，但是有些人卻能很快地適應新的遊戲規則，他們維持好習慣，努力達成目標，屬於意志力堅強的類型。而屈服於眼前近利，與耐心等待未來獎勵的人之間，究竟有何差別？

關於這個問題，知名心理學家沃爾特・米歇爾（Walter Mischel）曾經做過一個很有名的「棉花糖實驗」，棉花糖實驗同時也是本書重點之一。一九六〇年代，米歇爾在史丹福大學的賓恩幼兒托育中心（Bing Nursery School）針對四到五歲孩童進行實驗，實驗小組準備了棉花糖、餅乾、椒鹽捲餅等零食，讓孩童選出自己最想吃的一樣。接著放一樣零食（本書以棉花糖為代表）在孩童桌上，並給孩童以下兩個選項。老實說，我覺得這個實驗很殘酷。

Ⓐ立刻吃掉眼前的一顆棉花糖

Ⓑ研究人員會先離開一段時間（最長二十分鐘），若可以忍住不吃眼前的棉花糖，研究人員回來後會再給一顆棉花糖，等於拿到兩顆棉花糖

研究人員在孩童身邊放一個鈴，若孩童抵抗不住誘惑可以按鈴，吃掉一顆棉花糖。但只要在研究人員回來之前離開座位，或是不吃棉花糖，就能得到兩顆棉花糖作為獎勵。這個實驗最重要的關鍵就是「不受眼前獎勵誘惑，獲得未來更大的獎勵」，這是養成習慣不可或缺的技巧。

實驗開始後，只見孩童們聞著棉花糖的香氣，假裝自己在吃棉花糖，或舔著沾在手指上的糖粉，等待著研究人員回來。一直盯著棉花糖看的孩童大多以失敗告終，允許自己咬一口棉花糖的結果就是全部吃光光。想吃卻不能吃的困境讓孩童陷入天人交戰，他們用手抵著額頭煩惱的模樣，和大人如出一轍。

最後的實驗結果是，平均的等待時間為六分鐘，有2/3的孩童因為無法忍耐就吃掉眼前那顆棉花糖；剩下的1/3就成功抵擋誘惑，拿到兩顆棉花糖。

一顆棉花糖預測你的未來？棉花糖實驗

棉花糖實驗有趣的地方在後續的追蹤結果，研究小組長年追蹤接受棉花糖實驗的孩童，結果令人驚訝。研究小組發現等待時間愈長的孩童，SAT 測驗②的分數愈高。等待十五分鐘的孩童比三十秒就放棄的孩童，SAT 成績高兩百一十分。

能抵抗棉花糖誘惑的孩童深受同學和師長喜愛，薪水較高，即使步入中年也不易發胖，BMI 偏低，濫用藥物的可能性也偏低。令人驚訝的是，四、五歲時進行的實驗，竟然能大致預測了孩子們未來的人生。

紐西蘭也追蹤一千名兒童從出生到三十二歲的人生軌跡，結果與棉花糖實驗一樣。自制力愈高的兒童，成年後的肥胖率愈低，感染性病的機率較少，牙齒等健康狀態也能維持良好。

---

② SAT 測驗：最早是學術性向測驗（Scholastic Aptitude Test）的代稱，自一九九四年三月起改為學術評估測驗（Scholastic Assessment Test）的代稱。SAT是美國大學委員會（The College Board）舉辦的標準化測驗，成績做為美國各大學申請入學的重要參考依據之一。相當於台灣的學測。

棉花糖實驗讓我產生的疑問

看到這個結果時，我的第一想法是「我懂了，不受眼前誘惑的能力是與生俱來的，我終於明白為什麼我無法養成好習慣。好吧！我的人生到此為止了。」我開始感到絕望。其實這個結果背後，讓我產生兩大疑問。

❶研究小組認為忍住不吃棉花糖的孩童，發揮了類似意志力的能力，成功抵抗眼前的誘惑。若意志力真的存在，那又是如何運作，影響我們的決定？

大家經常用意志力薄弱當作藉口，若這就是人們無法養成好習慣的理由，那我們不是更應該深入了解何謂意志力？何謂習慣？

❷若意志力早在四、五歲就定型，是否能靠後天努力去擁有呢？

棉花糖實驗

立刻吃掉一顆棉花糖的孩童。
忍著不吃眼前的棉花糖，最後獲得兩顆棉花糖的孩童。
成年後
學業成績不佳，BMI 偏高，有濫用藥物的可能。
考試成績出色，身體健康又有人望。

意志力是有限度的？胡蘿蔔實驗

首先先來思考疑問❶，孩童們拒絕眼前誘惑時所發揮的意志力，究竟是如何運作，進而影響孩童的決定？

社會心理學家羅伊・博美斯特（Roy Baumeister）利用巧克力碎片餅乾和胡蘿蔔進行的「胡蘿蔔實驗」，是揭開意志力之謎最有名的實驗。實驗小組在桌上放著餅乾和一碗胡蘿蔔，讓餓著肚子的大學生坐在桌子前，房間內瀰漫著餅乾剛出爐的清甜香氣。實驗小組將學生分成三組。

Ⓐ可以吃巧克力脆片餅乾的A組
Ⓑ只能吃生胡蘿蔔的B組
Ⓒ餓著肚子什麼也不能吃的C組

實驗小組告訴B組：「下一個實驗會用到餅乾，所以你們只能吃胡蘿蔔。」這個說法真的很折磨人。雖然B組的大學生都沒吃餅乾，但他們有的人拚命聞著餅乾香氣，有的人不小心將餅乾掉在地上，很明顯受到餅乾的誘惑。

接著實驗小組將學生個別安置，指示他們解開圖片拼圖。事實上，這個圖片拼圖無法解開，目的不是測試學生們的智商有多高，而是觀察他們遇到難題時，花多久時間才會放棄。吃餅乾的A組學生與什麼都不能吃的C組學生，平均花二十分鐘嘗試解題，而不能吃餅乾的B組學生，平均只花八分鐘解題就放棄了。

這個實驗結果，長年以來外界都是這樣解讀的：只能吃胡蘿蔔的組別，因為忍住不吃最想吃的餅乾，這個行為需要耗費極大的意志力。因此，他們沒有足夠的意志力解開困難的謎題，中途就把意志力消耗殆盡。這個實驗證明，意志力是一種有限的資源，會愈用愈少。

還有一個簡單易懂的比喻，可以說明意志力是有限的。各位可能都聽過角色扮演遊戲（Role-Playing Game，簡稱 RPG）中的魔法值（Magic Point，簡稱 MP）會隨著魔法的使用而減少，用魔法值來形容有限的意志力最容易理解。不熟悉角色扮演遊戲的讀者，也可以將意志力想像成油箱裡的汽油，汽車跑愈遠，汽油就會愈少，意志力就是同樣的道理。

這個想法也能充分印證在日常生活中的各種行為，當我們長時間加班，回家時總是忍不住到超商買點心、甜食，或是酒，也容易因為一些芝麻小事而對他人動怒。另一項實驗結果顯示，在實驗期間承受壓力的學生如果不運動，抽菸與吃垃圾食物的機率就會增加，甚至不刷牙、不刮鬍子，容易睡過頭或衝動消費。

各位多多少少都有這樣的經驗吧，至少我就是最好的例子。意志力的效果確實會隨時間遞減，因為沒有人能長時間進行複雜的計算，或艱難的創作工作。能量會有用盡的時候，人必須休息或睡眠。

意志力的因果關係

有些人會認為「意志力與血糖值有關」，所以曾經有利用添加砂糖的「正統檸檬水」與使用人工甘味劑製成的「人造檸檬水」，去驗證意志力與血糖值是否有關的實驗。結果發現，飲用「人造檸檬水」的組別血糖值並未上升，所以在意志力測驗中輸了，這就是當人感到極度飢餓時，無法做任何事。

那麼，意志力真的是種愈用愈少的能量，或者可以用血糖值去測量的嗎？我不這麼認為，因為光靠上述實驗結果，還有許多無法解釋的疑問。例如，我在日記裡曾多次寫下「今天吃了拉麵後，又忍不住吃了洋芋片，最後還追加了冰淇淋」。

這一連串吃了拉麵、洋芋片和冰淇淋的過程，都突顯了同一件事——當時的我正在暴飲暴食。我沒忍住想吃拉麵與洋芋片的慾望，這代表我完全沒使用意志力，那麼血糖值應該已經上升了才對。照理來說，這時的意志力應該是最充足的，但是為什麼還是沒幫助我抵抗最後的冰淇淋呢？

從健身房運動完回家的途中，我感到飢腸轆轆，意志力早已消耗殆盡，但是在這種情形下去超市購物時，我卻不會買垃圾食物。諷刺的是，當我猶豫要不要去健身房運動，結果還是沒去的日子，我反而會買垃圾食物。

刻意不做，反而會削弱意志力

如果意志力是種愈用會愈少的能量，我們更應該盡可能保留它，就像經典漫畫《灌籃高手》中的流川楓一樣，他選擇放棄上半場的比賽，而是花心思集中心力打下半場。

假設這個說法成立，早上睡到自然醒，拖到最後一刻才出席會議的做法，最能有效運用我們的意志力。但是，當各位看到自己的同事無精打采的樣子，會認為對方是刻意放掉上午的班，打算集中注意力做好下午的工作嗎？事實上，早上無心工作的人，到了下午也會同樣懶散。

只要早上無法準時起床，就會影響之後的工作和運動，最後就會開始後悔自己沒能完成該做的事，導致沒有心思去做之後的工作。這代表，不只是「做了」會消耗意志力，「刻意不做」也同樣會削弱意志力。

情緒，意志力強弱的關鍵

刻意不做，會讓人失去情緒反應。暴飲暴食可以恢復我們的血糖值，卻會產生後悔的情緒。沒辦法養成好習慣，就會產生自我否定感。

從情緒這個關鍵字去思考，能解開許多意志力的祕密，就像跑馬拉松，剛起跑的前半段我們會跟沿路為選手加油的支持者擊掌歡呼。但到了比賽後段，開始感到膝蓋疼痛，覺得自己快撐不下去，此時只要跟在一旁開心加油的孩子擊掌，就能重振精神，這就是意志力恢復的表現。

前面提過的檸檬水實驗其實還有另一個版本，實驗小組不讓受試者喝下「正統檸檬水」，而是讓他們含在口中再吐掉。這種情況下，受試者還是能恢復意志力，我想含在口中的檸檬水，就像與支持者擊掌是同樣的道理。關鍵不在於能量與糖分補充，而是從簡單的小動作中得到獎勵，進而心情愉悅。

不安會削弱意志力

嘴裡含著檸檬水、與支持者擊掌等行為產生的喜悅感，有助於恢復意志力，相反的，自我否定、不安等負面情緒則會消耗意志力。無法養成好習慣，產生自我否定與不安的同時，也會喪失意志力，導致無心完成下一項任務（工作），這就是負面情緒影響意志力的惡性循環。

科學家曾用血清素做了一項實驗，確實驗證了負面情緒對意志力的影響。血清素能調整交感神經與副交感神經的平衡，維持心理狀態的穩定，當血清素無法正常運作，就會產生不安，目前已經證實憂鬱症患者腦內的血清素活性相當低。

另一項與血清素有關的實驗中，研究人員暫時性地增加或減少受試者腦內的血清素含量，發現血清素減少時，受試者會被眼前的誘惑吸引；血清素增加時，受試者就能抵抗誘惑。這兩項實驗都能證明，血清素較少的狀態下人會不安，進而失去意志力，也就無法維持好習慣。

提高情緒就是提升意志力

若從情緒面解讀胡蘿蔔實驗，能得到截然不同的觀點。自己面前放著香氣四溢的巧克力碎片餅乾，別人卻告訴你不能吃，這句話就足以讓人覺得不受尊重，甚至會感到傷心。胡蘿蔔實驗耗損的不是意志力，而是情緒。

忙於工作時，很多人都會到超商隨便買點輕食果腹，明明不用花很多時間煮飯、料理，照理來說應該會充滿意志力才對，但大多時候我們是覺得自己很可憐，只能吃這些東西。關鍵不是食物味道的好壞，而是覺得自己被虧待了才是最重要的原因。女性塗指甲油，熱衷保養、美容，明明很花時間和精力，卻增加了自我肯定感。

同樣的，即使是忙碌的時候，我也會努力維持打掃的習慣，許多人忙碌時會想著我現在沒空，就放任家裡愈來愈亂。其實，忙碌時整理家裡，反而更有助於處理緊急的工作，因為整理能讓心情愉快，提升意志力。

心情愈好，愈容易抵抗誘惑

接受棉花糖實驗時的情緒反應會改變實驗結果，研究小組要求孩童們「等待時想些開心的事」，結果發現孩童的等待時間延長了將近三倍。相反的，若要他們「等待時想些悲傷的事」，孩童們會無法等待，立刻吃掉棉花糖。

心理學家愛德華・哈特（Edward hart）的某項實驗中，他將受試者分成兩組，在進行任務前讓他們看電影。

Ⓐ組看快樂的電影

Ⓑ組看悲傷的電影

結果發現，A組的工作效率比B組高出20％以上。皮克斯動畫工作室（Pixar Animation Studios）裡有溜滑梯、谷歌（Google）辦公室裡擺滿各式各樣色彩繽紛的玩具，打造出宛如成人幼兒園的空間，看起來與科技業的時尚形象一點也不搭。

「熱情腦」與「冷靜腦」

刻意不做會產生不安和負面情緒，讓人無心專心工作，最後只會陷入殘酷的惡性循環中，原因到底是什麼？我們可以從人類的大腦中，釐清這一點。大腦結構就像洋蔥，最裡層是古老的原始組織，向外包覆著一層又一層逐年演化而成的新組織，許多學者將大腦分成兩大系統。

❶本能系統：產生反射行為，反應速度快，是利用情緒和直覺判斷的系統。亦為「舊腦」，由邊緣系統、紋狀體與杏仁核主宰。

❷理性系統：反應速度慢，必須透過意識發揮作用，是進行思考、想像與計畫的系統。亦為「新腦」，由額葉主導。

這兩大系統有許多其他名稱，本書引用「棉花糖實驗」沃爾特・米歇爾博士的說法，將❶稱為「熱系統」❷稱為「冷系統」。要仔細說明的話有些複雜，只要記住以下的概念即可。

❶熱系統：受情緒和慾望驅使，容易使人感到熱情。（太好了！有棉花糖耶！我一定要吃！）

❷冷系統：擅長用冷靜分析的方式處理事情。（我要是現在吃了棉花糖，就拿不到更多獎勵了……）

熱系統與冷系統無法同時運作，當某一方活躍，另一方就會休息，處於互補型態，不斷地交互作用。

大腦的兩大資訊處理系統

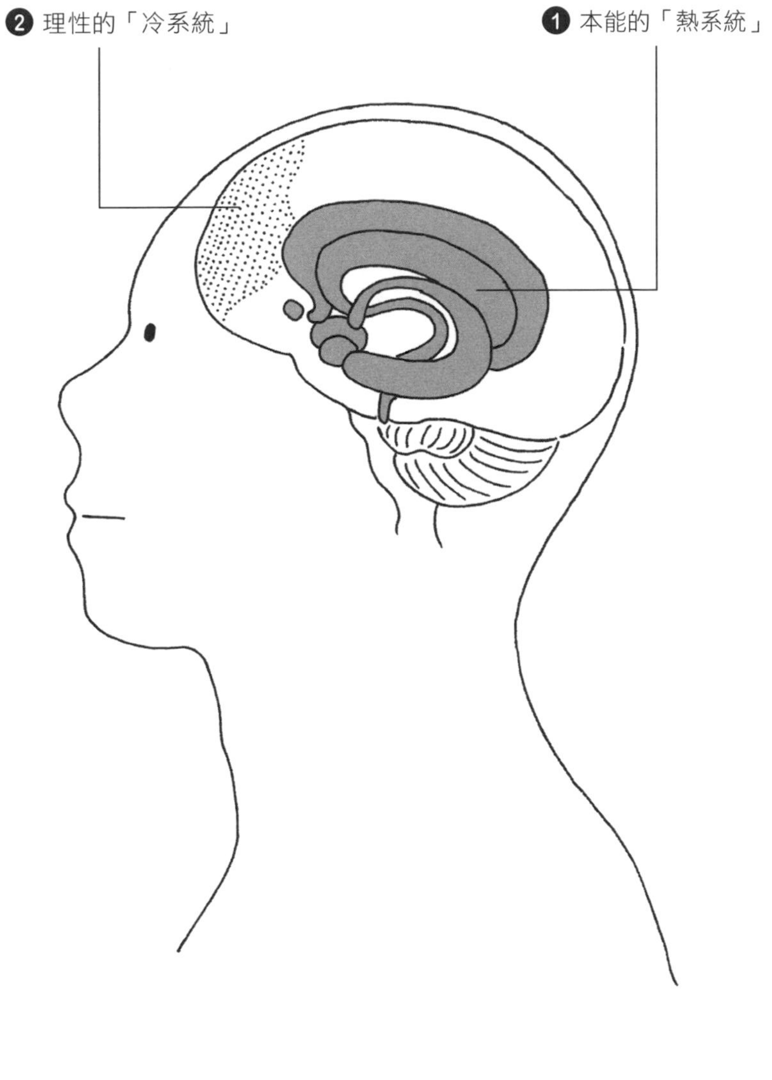

因「壓力」而失控的熱情腦

當人產生負面情緒時，就會喚醒本能的熱系統。一開始也提過，人類的身體構成早從遠古時代就已定型，當時的壓力源來自食物供給的不穩定，吃了這一餐不知下一餐在哪裡。因此，只要感受到壓力，就會立刻吃掉眼前的食物，或是躺著休息、懶散度日，盡可能保留體力。

弔詭的是，現代社會物資充裕，食物不匱乏，當我們在工作上遇到壓力時，處理的方法卻還是像遠古時代一樣。壓力讓本能系統開始反應，這時會攝取大量卡路里，逃避不喜歡的事物，就成了最合理的解決方法。這就是現代人在壓力下會暴飲暴食，無法繼續工作的原因。

冷靜腦的「冷卻反應」

冷系統可抑制熱系統的暴走狀態。例如，某個下雨天你走在人行道上，有一輛車疾駛而過濺起水花，將你淋濕了，這時你會感到憤怒，甚至大聲飆罵，這就是熱系統產生的反應。不過，冷系統會產生「認知」反應，抑制熱系統的持續運作，認知能讓人從另一個角度看事情，不被表面的現實所蒙蔽。

認知會使你開始思考「那輛車上可能載著一名即將臨盆的孕婦，所以才會急著趕去醫院」，用這個角度看待那輛疾駛的汽車，就能讓你平息怒氣。沃爾特・米歇爾將這個過程稱為冷系統產生的「冷卻反應」，這也是冷、熱系統交互作用的意義。

意志力是否與生俱來？

棉花糖實驗最讓我在意的是第二個疑問，如果實驗結果可以預測一個人後來的學業成績，甚至健康狀態，是否代表意志力早在四、五歲的階段就已經定型？根據沃爾特・米歇爾的說法，在棉花糖實驗中等待十五分鐘，最後拿到兩顆棉花糖的孩童們，絕大多數的人在往後的數十年，都發揮了卓越的意志力。

這個結果顯現在「絕大多數」的人身上，並不代表所有人都一樣。此外，在立刻吃掉棉花糖的孩童中，有些人也隨著年齡增長逐漸學會控制自己，這真的是個令人充滿希望的好消息。

環境改變，意志力強弱也跟著改變

當條件改變，棉花糖實驗就會產生截然不同的結果。

- 實驗小組不拿出真正的棉花糖，而是透過投影機投影棉花糖的圖片，此時孩童的等待時間能延長兩倍
- 若以托盤蓋住棉花糖，原本很快就吃掉棉花糖的孩童，等待時間也能延長十倍

不讓孩童們看到真正的棉花糖擺在眼前，就能等待更久的時間。在最原始的實驗中，孩童們在等待期間會做許多事打發時間，包括唱歌、做鬼臉、彈鋼琴、睡覺等，即使眼前放的是真正的棉花糖，他們也知道如何轉移注意力。相反的，一直盯著棉花糖看的孩童，大多數都禁不起誘惑。

問題不在於誘惑的次數？

那麼，我們是否可以這麼解讀：在棉花糖實驗中很快吃掉棉花糖的孩童們，他們並非意志力薄弱，而是受到誘惑的次數太多？耐不住性子，很快就吃掉棉花糖的孩童們，一直盯著棉花糖看，他們在等待期間，不斷在腦中想像又甜又Q彈的棉花糖有多好吃，所以不斷受到刺激。事實證明，實驗小組要求「等待時要不斷想著棉花糖」的組別，他們的等待時間就會變得相當短。

多巴胺是意志力的毒藥

一直盯著棉花糖看就會失敗，這是神經傳導物質多巴胺帶來的壞影響。多巴胺是當人感到快樂時釋放出的神經傳導物質，享受美食、賺取財富、與喜歡的人做愛，都會釋放出多巴胺。由於這個緣故，專家認為人會為了追求快感，而做出各種刺激多巴胺分泌的行為。不過，多巴胺的作用並不是這麼簡單。

神經學家伍夫朗・舒茲（Wolfram Schultz）有個以猴子為對象的實驗，他給猴子各種獎勵，觀察猴子的反應。他滴了一滴果汁在猴子的舌頭上，發現分泌多巴胺的紋狀體急速運作。

不過，若是在給果汁前先讓猴子看發亮的燈泡等訊號，多巴胺就會對燈泡產生反應，而不是果汁。這代表，讓多巴胺出現反應的不是行為本身，而是「訊號」，人也是一樣的，以下就有許多生活案例可以分享。

LINE或社群網站的訊息會吸引我們的注意力，但真正引起我們情緒波動的不是確認內容的時候，而是手機亮起紅色燈號，通知我們接收到新訊息的那一刻；或是打開啤酒罐與啤酒倒入玻璃杯中發出的聲音，比啤酒本身更讓我們想要一口飲盡。

還有另一項有關多巴胺的實驗。實驗小組給大鼠吃下阻斷多巴胺分泌的藥物，發現無論餵食多美味的食物大鼠都不吃，最後大鼠就餓死了。這些實驗證明，只要不讓多巴胺發生作用，大鼠就不會產生想要的慾望，不管肚子多餓，看到美味的食物依然不為所動。

總結來說，多巴胺讓人產生「想要」的慾望，進而成為付諸行動的動機。我們是因為想要才會行動，所以若是沒有多巴胺，我們就不會產生任何慾望，自然也就不想做任何事。

「認知」是後天學習的誘惑煞車器

能忍住不吃棉花糖的孩童們，以前應該也吃過棉花糖，知道味道如何。因此，當他們看到棉花糖，大腦就會立刻回放過去的經驗，讓他們重溫咬下棉花糖的Q彈口感，甜味在嘴裡散開的滋味。此時多巴胺開始運作，孩童們產生想吃的慾望並付諸行動，當這樣的誘惑不斷發生，孩童自然就會漸漸失去耐性，忍不住拿起來吃。

簡單來說，要是想忍著不吃棉花糖，只要拒絕誘惑就好。為了讓我們有拒絕誘惑的能力，冷系統的「認知力」可以幫助我們從其他角度看待現實狀況。

- 實驗小組告訴孩童們，將棉花糖想像成「圓滾滾的雲朵」，結果發現孩童們的等待時間延長了兩倍
- 或是將棉花糖想像成「假的棉花糖模型」，平均等待時間變為十八分鐘

只要把眼前的棉花糖，想像成雲朵或是模型，孩子們就能耐心等待，不再急著想吃掉它。減弱多巴胺讓我們產生動機的作用，就能減少受到誘惑的次數。

在一開始的原始實驗中，有一群孩童到最後都沒有吃掉棉花糖。實驗小組並未給他們任何指示或建議，因此可以斷定他們天生就知道如何轉移對棉花糖的注意力，代

將棉花糖想像成雲朵，等待時間延長兩倍。

表他們的認知力比其他人出色。

只要掌握訣竅，任何人都能發揮認知力，也能透過後天的學習而獲得。

「冷靜腦」也會說謊嗎？

將棉花糖想像成模型或雲朵，是認知力發揮作用的結果。認知是大腦的高度能力，若說大腦擁有可以訓練的能力，絕對不會是意志力這種模糊不清的概念，而是明確存在的認知力。

冷系統是用來推論、計算與建立計畫的情報處理系統，因此有些孩童懂得如何運用冷系統耍詐。有些孩子會吃掉棉花糖的內部，維持完整的外殼，讓人以為他沒有動過棉花糖；也有孩子會掰開夾心餅乾，舔掉中間的奶油，再將餅乾夾起放回去。有些小孩會利用冷系統，有計畫性地獲取眼前的獎勵。

明明想要瘦身，卻用「待會可能會餓」為理由吃東西，計畫性地讓自己不餓；或是用「今天是值得慶祝的日子」等藉口大吃一頓；甚至告訴自己「我前天和昨天都忌口了，今天應該吃好一點」，允許自己放縱，這些都是冷系統耍詐的結果。電影《瞞天過海》（Ocean's 11）中縝密的犯罪計畫，也是出自冷系統的傑作。

意志力很容易受到情緒左右，不能完全信賴，因此冷系統就容易被拿來惡用。那我們究竟該如何是好呢？

意志力強＝天生不易被誘惑

有一項在德國進行的實驗，實驗目的是調查「人一天會受到幾次慾望誘惑？」實驗小組讓超過兩百名受試者配戴呼叫器，每天隨機響七次，在響鈴瞬間或前幾秒，讓受試者說出自己現在想做什麼。

結果顯示，人一天有四小時都在抵抗某項誘惑。例如，明明很想睡，但一定要起床；想去玩卻必須工作；食物看起來很好吃卻忍著不吃，每個人一天當中有許多時間，都在拒絕強烈的誘惑中度過。

實驗結果告訴我們，外界認為意志力強的人，其實他們抗拒誘惑的時間較短。他們並非擁有不斷抗拒誘惑的堅強意志力，而是他們受到誘惑的時間較短、次數較少。

煩惱＝召喚意識的行為

呼叫器響起時說出自己內心的糾葛，這是一種在意識層面上讓我們了解自己在煩惱什麼的行為。就像我在跑馬拉松，跑得順的時候我會放空大腦，馬拉松跑者藤原新曾經說過：「前三十公里我都在睡覺。」這就是一種近似冥想的狀態。

不過，當我膝蓋開始痛時，大腦就無法放空，我會一直想著「還剩幾公里？還有十公里啊……」、「我是不是該退出比賽？」、「還有幾公里，原來我才跑了五百公尺……」意識到時間的次數愈多，痛苦的體感時間就愈長。

在圖書館寫書時，寫得順的時候我會忘記時間，也就是進入「神馳狀態」（Flow）。不過，當我前言不對後語，靈感枯竭時，就會不斷停筆思考。我曾經記下停筆的次數，發現當次數達到十次左右，最後乾脆索性離開圖書館。

人生就像擲硬幣，充滿不合理

意志決定的過程，就像擲硬幣一樣充滿不合理。你只是在賭正面或是反面，而且你可能心裡早有答案，但你就是無法清楚說明為什麼做這個決定。做決定的是你自己，卻不知道為什麼，就像我們迷路時，會直覺性地選擇左邊或右邊。

這或許和棉花糖實驗是同樣的道理，沃爾特・米歇爾對於很快就吃掉棉花糖的孩童，做出以下描述：「我在實驗中看到孩子們苦惱的模樣，他們會突然伸出手、冷不防地按鈴，或是低著頭煩惱的表情。甚至，我不斷地看到他們，看著自己雙手發呆的樣子。」由此可見，孩童們當時的行為有部分是出自自我意志，某部分又看似不是自己的選擇。

習慣無意識化

每當受到誘惑，就像是在擲硬幣一樣，正面代表「不吃棉花糖，繼續等待」；背面代表「吃掉棉花糖」，運氣好的話，就能耐著性子等下去。不過，擲硬幣的次數愈多，人就愈可能做出期望之外的行為。

忍不住吃了棉花糖，並不是因為意志力薄弱，而是擲硬幣的次數過多。最好的方法就是不擲硬幣，也就是不喚醒意識（＝放空大腦），當我們喚醒意識，就是煩惱的開始。

相信沒人會煩惱該拿一百圓或一千圓，這是個不用思考就能做的決定，唯有兩個價值相當的選項才會讓人煩惱。例如，該在今天拿一顆蘋果，還是明天拿兩顆蘋果？這時大腦才會喚醒意識、陷入煩惱。

習慣就是放空大腦的不經意行為，既然如此，當我們陷入苦思時喚，醒的「意識」又是怎麼一回事？該怎麼做才能讓人無意識地行動、養成習慣？這些內容都將在第二章詳細驗證。

重點整理

● 人性中有貴近賤遠的特質，這個現象稱為「雙曲折現」，所以很難養成好習慣。

● 棉花糖實驗中能耐心等待二十分鐘，最後拿到兩顆棉花糖的孩童，成年後不僅學業成績出眾、人望深厚，各方面的能力也較高。

● 意志力不是不做就會減少的能力。

● 意志力容易受負面情緒影響而減弱，只要產生自我肯定感，意志力就不會降低。

● 大腦分成理性的冷系統與感性的熱系統，兩者交互作用。

● 利用冷系統的「認知力」，從不同角度看眼前事物，就能抑制熱系統。

● 人無法消滅情緒，所以意志力並非永遠可靠，因為冷系統會編造藉口放縱自己。

● 意志力堅強的人，天生沒有受到誘惑的「意識」。

● 當意識被喚醒的同時，就是煩惱的開始。

● 習慣是未經思考的行動，要養成習慣就必須減少意識被喚醒的次數。

第 2 章

何謂習慣？

WHAT ARE HABITS?

人有45%的行動靠習慣決定

世界上最悲慘的人，莫過於凡事沒養成習慣，
成天優柔寡斷、煩惱不斷的人。
對他們來說，無論是點燃一根菸、喝一杯茶、
每天起床與就寢時間、
完成一件簡單的工作都需要極大的意志力，
他們花大半的時間做決定或後悔。

——威廉・詹姆士（William James）

第一章提到，習慣是種無意識的行動，這代表想要養成習慣，就不能召喚意識。無意識化就代表，人無須煩惱或決定該怎麼做，因為根本不需要選擇，只要有煩惱、選擇、決定，這些都是意識層面的問題。

根據杜克大學的研究結果，人有45%的行動不是當下的瞬間決定，而是習慣。這個結果讓我產生疑問，無論是午餐要吃咖哩或拉麵，或假日要看哪部電影，我們一天中的所有行為，應該都是基於自我意識思考後才決定要怎麼做。如果習慣是未經思考的行動，45%的比例是否過高呢？就算是午餐不知該吃什麼的人，當他們走進居酒屋後，先點一杯啤酒喝的時候，是否也是經過認真思考後的決定？

早上起床後的習慣

各位不妨回想一下早上起床後做了哪些事，起床、上廁所、淋浴、吃早餐、刷牙、換衣服、穿鞋，綁鞋帶後出門。每個人都有自己的邏輯和模式，早上起床後做的事，就像儀式一樣按部就班地完成。

我們不會特地去想刷牙時要用多少牙膏，要從哪顆牙開始刷，綁鞋帶時也不會刻意思考今天要綁什麼樣式。這些都在無意識中就能完成的事情，大概很少人會覺得這些流程很困難，需要很大的努力才能完成，這就是習慣。不過，對年幼的孩童而言，早上起床後的一連串行動就需要刻意的努力才能完成，他們可能無法獨自上廁所，就連刷牙、扣鈕扣、綁鞋帶都讓他們備受挫折。

為了克服重重難關，他們需要超乎常人的忍耐力，這些出門前的準備早就讓他們耗盡意志力，所以才會生氣地躺在床上。不過，只要透過不斷嘗試、持續努力，日後自然就能獨力完成，看在大人眼裡，或許都覺得有這麼難嗎？

習慣無法靠動作或語言說明

對成人來說，還是有許多事必須學習。我去年又開始開車，這是我考取駕照之後，相隔十八年後再次坐上駕駛座。即使只是發動引擎，我也會先在腦中複習繫上安全帶、踩煞車、轉動鑰匙、放開手煞車、從P檔換到D檔……這一連串的動作，一邊回想一邊確認動作是否正確。我的車是手排車，雖然我現在可以不用思考，手腳就會自動操作，但如果要我逐一說明每個步驟還是很困難。

在還不習慣之前，我必須集中精神開車，因此每次看到邊聽音樂邊開車的人，都覺得對方好厲害。經過習慣化後，現在的我已經可以邊開車邊聽英聽教材了。

即使不開車，但想要教別人如何騎自行車，光要和別人解釋踩踏板的順序，保持身體平衡的祕訣就很困難。就跟習慣使用智慧型手機滑動輸入功能的人，能否不用雙手實際操作，只在腦中用想像的方式，說明如何輸入文字一樣困難。

做菜與開車都是屬於夢遊狀態

在我還小的時候很怕打蛋，每次我小心翼翼地握著蛋，深怕一用力就破了。第一次煎荷包蛋時，耗費很大的心力，一一仔細確認要用多少油、火要開多大。但現在我不用上網搜尋荷包蛋或水煮蛋的作法，就能輕鬆完成。

我的母親很會做菜，有時吃飯時間鄰居送來食材，她也會立刻做出一道菜。她不用參考 Cookpad 網站的食譜，也無須計量要用多少調味料，只要看著食材就能立刻想到該怎麼做。她曾經說過，做菜一點都不很麻煩。覺得做菜很麻煩的人，通常都要花很多時間思考烹飪順序，就代表這些人做菜時是由意識主導。正因為做菜時進入無意識狀態，所以才不覺得麻煩。

有些夢遊患者進入深層的非快速動眼睡眠（NREM）時，會在無意識之中做菜或開車，而且清醒後完全不記得自己曾經做過。這種情況代表，監視大腦行動的部位已經入睡，但主司複雜行動的部位還在運作，這證明即使沒有意識，人還是能完成複雜的行為。

照理說，螞蟻應該沒有意識，但牠們拚命地挖洞、運土，牠們不需要看商業書，也不需要工作動機，一樣能努力工作。

意識，到底是什麼？

人不用意識就能完成複雜的行為，普遍認為「自我」就是意識。思考今天要吃什麼，覺得看到的景色很美，在意別人說的話，究竟意識到底是什麼？神經科學學者大衛・伊葛門（David Eagleman）在《躲在我腦中的陌生人》（Incognito: The Secret Lives of the Brain／漫遊者文化）書中，將人的意識比喻成「報紙」。

以下是某個國家每天都會發生的事情：工廠開工，企業販售並運送產品；警察辦案、醫生動手術、情侶約會；電力流經電線，下水道排出排泄物。人沒有能力也不想知道國家每天發生的所有事，因此，我們需要報紙為我們篩選出最重要的大事。

人們想在報紙中看到的，不是昨天國內所有牛隻總共吃了多少噸的草，或出口了幾千隻牛，而是當狂牛症肆虐時，政府透過報紙提出警訊。民眾不想知道昨天丟了幾噸垃圾，但若是家附近蓋了新的垃圾處理場，民眾一定要知道。

同樣的，人的意識無法一一掌握全身六十兆個細胞發生的所有事情，或是幾千億個神經元發出的電子訊號。大腦每秒處理四億位元（Bit）的資訊，其中由意識經手的只有兩千位元。大腦的神經迴路在名為無意識的後台，收集龐大資訊，接著像報紙一樣，將重要資訊去蕪存菁地傳送給意識。

穿鞋時，你是先穿左腳還是右腳？

當我們順利且不斷重複性地完成動作的期間，意識不會跳出來主導一切，就像如果沒有重大事件，就不會有記者撰寫新聞報導。我們很難戒掉翹二郎腿、駝背等習慣，是因為這些動作幾乎都是在無意識之中完成的。

你還記得早上出門穿鞋時，是先穿左腳還是右腳呢？想不起來的原因很簡單，因為先穿左腳還是右腳，這並非由意識決定，而是一種習慣。腦科學家池谷裕二舉了一個很有趣的例子，他說：「我們每天都看得到鼻子，卻從未意識到它的存在。」鼻子確實存在於我們的視線之中，只要我們想看就能看到，但這不是需要隨時記得的重要資訊。

「意識」被喚醒時

讓我們進一步思考，意識會在何種狀況下跳出來。首先是人走路的時候，人體全身上下有超過兩百塊骨頭、一百個關節與四百條骨骼肌，走路時各個部位會產生緊密且細膩的連帶動作。

科學家之所以很難讓機器人順利走路，是因為他們必須先將各部位的力量與角度，以及腳底因應路面狀況產生的各種反應等數據，全部寫成程式，再輸入機器人的記憶體中，幫助機器人學習。

人走路時不會用到意識，所以我們可以開心地邊散步邊哼歌，此時若踩到某個軟呼呼的東西，才會喚醒意識，你可能會停下腳步心想：「咦？我踩到什麼東西，感覺軟軟的？哇！我慘了！」

意識就像「報紙」

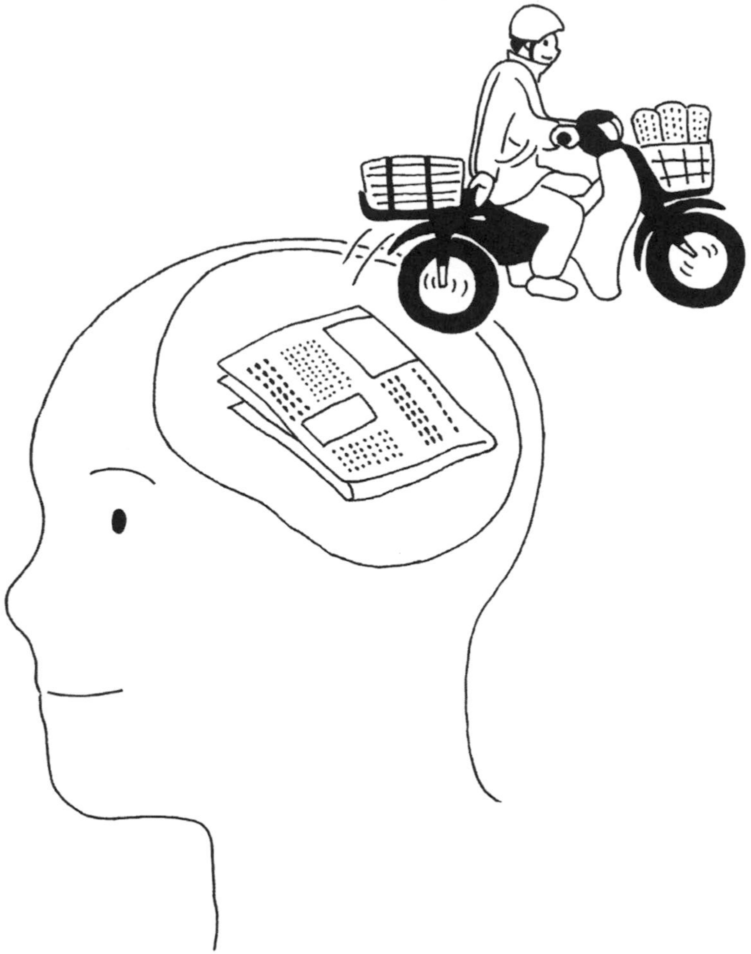

刺激狀態下的意識覺醒

各位可能都曾有過上課時忽然肚子痛的經驗，聽課時會放空恍神，不是睡覺就是在筆記本上塗鴉。此時若突然肚子痛，就會讓人瞬間回神，這代表刺激意識出現的訊號出現了。

「肚子感到異樣↓恐產生腹痛。」
「確定腹痛↓難道是昨天吃太多？」
「還有三十分鐘才下課↓該怎麼辦？」
「腹痛症狀趨緩↓危機暫時解除。」

由於刺激訊號過多，喚醒意識的次數過於頻繁，讓人無法專心上課，感覺度日如年。就像有重大新聞發生時，媒體會大篇幅地報導一樣，代表現在是非常時期。

人有自由意志嗎？

人就算意識到自己的行為，
也意識不到行為背後的原因。

——史賓諾沙（Baruch De Spinoza）

意識是我們思考事情、決定行動的源頭，不過，絕大多數的行動不是基於大腦的指令，而是身體自動自發的行為。當我們覺得疲憊時，會很自然地伸懶腰，不會刻意去想「好，我現在要雙手交握、手掌向上，伸懶腰」。

班傑明・利貝特（Benjamin Libet）曾在一九八〇年代有一項很有名的實驗，驗證「人的意識」有多不可靠。受試者可在自己想要的時間動手指（或手腕），實驗小組會記錄此時受試者的大腦活動。

❶受試者基於自由意志想動手指的時間
❷大腦發出運動指令的時間
❸手指實際動作的時間

實驗結果發現，這三個步驟的順序竟然是❷→❶→❸，運動指令發出的時間比受試者做決定（想動手指）的時間早 0.35 秒。換句話說，早在當事者決定動手指之前，大腦就已經開始動作了。這個實驗結果代表人的自由意志可能遭到否定，在當時掀起熱烈的討論。不過，這個實驗也幫助我們了解到人的任何行動，大腦都比你想的更早活動。

哼歌就是種無意識

哼歌其實也是一樣，哼歌與我們在 KTV 的選曲行為不同，我們到 KTV 唱歌時，是自主決定從歌本中選擇要唱的歌。但哼歌時，沒有人事先想好要哼什麼歌，我每次哼的歌都是剛剛去超市時聽到的歌曲，就像是有個存在於意識之外的DJ為我選的曲子。

腸道被稱為人的「第二個大腦」，腸道中有超過一億個神經細胞，透過迷走神經與大腦連結在一起。但是迷走神經並沒有跟大腦相通，而且能獨自做出判斷，代表腸道的運作也是屬於無意識的類型。

人的行為模式是種多數決

民主其實是很糟糕的政府型態，
但比其它任何存在過的型態都來得好。

——溫斯頓・邱吉爾（Winston Churchill）

人的行為雖然是由自己一個人決定，卻並非像君主專制制度般獨斷專權，其實比較接近國會形式的議會制。如果用養成早起習慣為例，當我們決定明天起要在固定時間起床，於是設定鬧鐘，時間一到、鬧鐘響起，此時的鐘聲宣示國會正式開議。

政治家們從身體各地齊聚一堂，召開國會。人雖然醒了，腰卻有點痛，於是「腰」縣代表大聲疾呼「應該再睡一會兒」；昨天聚餐時吃太多了，「腸」府代表提出「讓我慢慢消化」的需求。

雖然後來舉行表決，但贊成「再睡一會兒」的票數領先，於是按下鬧鐘的貪睡按鈕多睡五分鐘。之後每五分鐘就表決一次，重複幾次後政治家們開始提出各種意見。例如，「再不起床可能會遲到」、「再不起來你可能會後悔」等，指責勢力愈來愈強大，儘管苦苦哀求想要賴床，最後還是起床了。

養成習慣是什麼樣的狀態？

大多數人都認為要養成習慣就是要立刻行動，就像前面提到的賴床例子，身體這個國會其實並不是完全不開會，也不是沒有任何反對意見，因為即使我每天都睡得很充足，有時候可以立刻起床，有時候就是會賴床。

每次遇到不想起床的時候，我都會想「可能是身體累積了不少疲勞才會這麼累」，正因為我每次都這麼想，到後來我開始不相信自己。因為我如果不早起，就無法完成後續的習慣，到最後我一定會懶散。

起床後做一些瑜珈運動，即使真的很想睡，做了五分鐘後也會精神飽滿。長此以往，多重複幾次就能維持固定作息，從此我再也不需要天人交戰，只要身體的自然反應即可。

你從來不是自己的主宰

從前面許多案例，我們都可以很清楚地知道行動背後大多與意識有關。不過，當我們沒做該做的事時，意識要負完全的責任，無論是減肥、戒菸酒失敗或工作延誤，都是因為意識出了問題。正因如此，人們才喜歡將原因歸咎於意志力薄弱。

造成這個結果的原因，還是因為我們過度相信意識與意志力。從今以後我們要清楚理解，意識和意志力其實沒有這麼大的影響力，更不是讓人採取行動的主因。因為我們從來不是自己的主宰，一切都跟無意識的習慣有關。

讓自己成為習慣的動物

每到秋天，松鼠就會儲備大量糧食準備過冬，松鼠這麼做不是因為牠想好「冬天快來了，我得趕快準備食物」才去做，而是松鼠的大腦會依據眼睛看到陽光量進行調整，當牠發現陽光量減少到一定程度，就會開啟準備糧食的計畫。

日本小說家村上春樹曾說：「讓自己成為習慣的動物。」習慣可以改變自己的動物性，也就是無意識主導的部分，關鍵從來都不是意識。接下來，我們一起來思考如何將行動轉換為習慣，關鍵就是讓意識交出行為主宰的寶座吧。

習慣無意識化的過程

習慣騎腳踏車之前，必須先學習如何運用身體、掌握訣竅，剛開始我們必須靠「意識」操作身體各部位，久而久之，就能不用思考騎著腳踏車到處跑。這時大腦發生了什麼變化呢？

我們可以參考九〇年代麻省理工學院（MIT）進行的大鼠實驗，實驗小組先在大鼠腦部置入監測大腦活動的裝置，將大鼠放在T字路口，並在T字路口左彎處放一塊巧克力。實驗小組以喀嚓（Click!）聲作為行動指令，一發出喀嚓聲便打開閘門，大鼠就會出動尋找香甜氣味的來源（巧克力）。剛開始大鼠四處亂竄，或逆著T字路口的方向走，花了許多時間尋找巧克力。

經過反覆多次的錯誤嘗試後，大腦基底核開始活躍，大鼠不再亂竄，縮短找到目標的時間。就在大鼠可以輕鬆找到巧克力時，大鼠的腦部活動也趨於平靜，也代表牠的思考頻率愈來愈少。

兩三天後，大鼠不再撞牆，或四處嗅聞收集資訊；一週後，與記憶有關的大腦部

大鼠剛開始出來找巧克力，遭遇許多失敗。
經過多次嘗試後，大鼠不用思考就能找到巧克力。

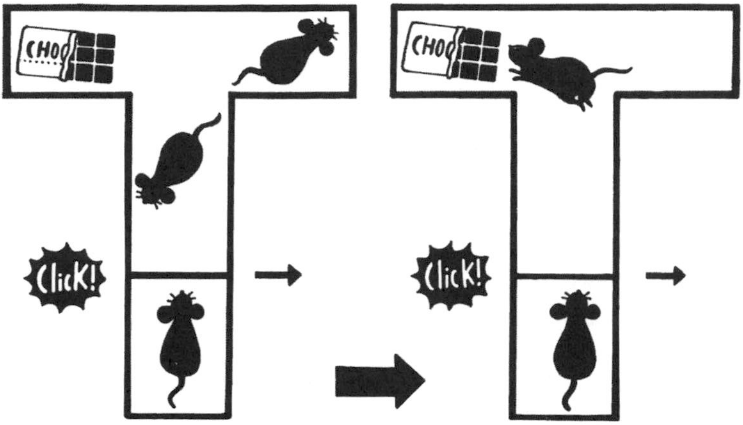

位也不再頻繁活動；最後，大鼠不用思考就能找到巧克力。因為對大鼠來說，找到巧克力已經成為習慣。

習慣的三大要素

《為什麼我們這樣生活，那樣工作？》（The Power of Habit／大塊文化）作者查爾斯・杜希格（Charles Duhigg）曾說，習慣是由以下三大要素構成。

第一個要素是「提示」。在剛剛介紹的實驗中，實驗小組監測大鼠的腦部活動，結果發現腦部活動最活躍的時間，分

習慣的三大要素

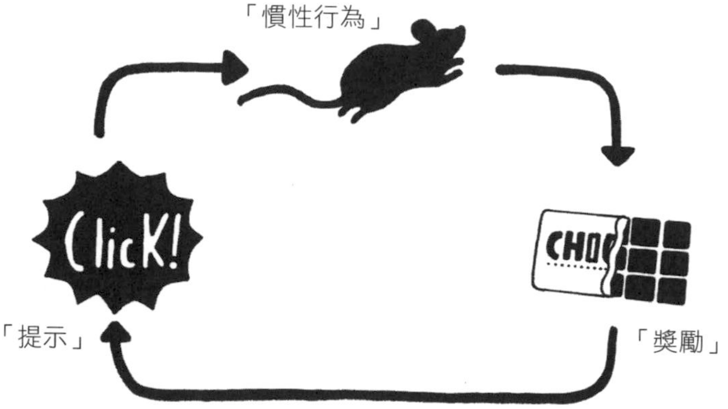

別是聽到打開閘門的喀嚓聲，與最後找到巧克力時。提示是為了告訴大鼠該開啟哪項「自動操作模式」，此實驗的提示是喀嚓聲。

第二個要素是「慣性行為」。提示的用意是完成某項慣性行為，以剛剛的大鼠為例，這項慣性行為是「閘門一開立刻在T字路口左轉，找到巧克力」。也就是利用在反覆嘗試錯誤後找到的成功方法，到最後不用經過大腦思考就能完成的行為。

第三個要素是「獎勵」。「獎勵」是大腦判斷是否要維持這一連串行為的重要依據。第一章也提過，「獎勵」是指能讓人感到愉悅和快樂的心情。對大鼠來說，當牠發現完成這項行為，可以獲得熱量高又好吃的巧克力，今後牠就會採取相同行動，獲取相同獎勵。最後，大腦就記住了找到巧克力的路徑。

習慣化＝大腦產生變化

如果吃到好吃的餐廳，下次就會再去；若發現這家餐廳不好吃就不會再去，我們從行動產生的結果中，嘗到無數次開心、喜悅的情緒。透過多巴胺啟動的「獎勵」系統，無論是大鼠或人類都是一樣的。飲食、性愛和朋友相處，每當我們做與生存相關的行動時，都能獲得快感。

當我們行動愈多次，就能加強行動與快感之間的連結。突觸是神經細胞的連結，接受訊號的「樹突棘」若重複接受訊號，就會愈長愈大。習慣養成與聽演講、參加講座，這類刻意「改變意識」的行為完全不同，必須反覆且重複的做，才能改寫大腦的神經細胞。

創造生活中的提示

提示、慣性行為與獎勵是習慣的三大要素，接下來會有更完整的解說。

首先是「提示」。大多數人每天早上都會設鬧鐘叫醒自己，所以鬧鐘就是起床的提示，起床後的下一個行為是做瑜珈，所以在就寢前我會先把瑜珈墊鋪在地上，早上起床看到瑜珈墊，就是做瑜珈的提示。

吃完早餐後，我會泡咖啡，喝咖啡成為我寫日記的提示。有一天傍晚我喝著咖啡，不知為何就想提筆寫日記，因此大腦已經將咖啡這項提示，和寫日記這個慣性行為連結在一起。

威廉・詹姆士的《心理學原理》（The Principles of Psychology）一書中，有這麼一段內容。某位退伍軍人雙手拿著食物在走路，旁邊一位男性開玩笑地說「立正！」沒想到那位退伍軍人立刻放開雙手，擺出立正姿勢，原本拿在手中的肉和馬鈴薯全部掉在地上。即使手裡拿著重要的食物，習慣的威力還是不容小覷啊。

造就天才從小地方開始

生活中的小提示，也能打造出一位天才。山口真由女士以第一名的成績從東京大學法學部畢業後，擔任財務省的官員，後來成為律師，在哈佛大學法學院以全A成績修完課程。之後在紐約州取得律師資格，現在的目標是成為法律系的大學教授。

從這麼豐富的經歷來看，山口女士絕對是一名天才。但山口女士卻與其他天才一樣謙虛，她說：「我不是天才，我只是努力而已。」她的學習歷程一切都從「看書桌」開始。

山口女士從小有一個習慣，起床後拉開窗簾，沐浴在陽光下。接著轉身看向書桌，坐在椅子上開始看書，直到媽媽叫她吃飯為止，前後大約看了十分鐘的書。她每天都會坐在書桌前看書，放學回家吃完點心，回到房間後「看到書桌」就開始唸書。無論是上高中或進入法學院就讀，她只要曬到早晨的陽光就會看向書桌，這個小提示造就了一位天才。

破除壞習慣的五大提示

習慣不是只有好的，也有不好的，壞習慣的養成同樣經歷過無數次反覆行為才建立而來，所以壞習慣很難改。之前我一直想戒酒，但很難抗拒酒精的誘惑，原因之一就是喝酒的「提示」太多了。

例如，我很喜歡中午喝啤酒，每次到餐廳只要點「天婦羅蕎麥麵」，就會反射性地點一瓶啤酒，吃煎餃和炸雞塊這類油炸物時也一樣。不僅如此，我還有很多會觸發喝酒習慣的提示。查爾斯・杜希格將提示歸納成以下五種，我就用喝酒做為案例：

- 地點（回家路上經過的超商、朋友的婚禮）
- 時間（工作結束的夜晚、週日白天）
- 情緒狀態（長期加班的壓力、犯錯導致情緒低落）
- 周圍的人（與異性約會、睽違多年的同學會）
- 與前一個動作相連結（運動流汗、泡溫泉）

想要戒除某項習慣，只要避開這幾點就很容易戒除；相反的，想要養成習慣，只要利用這五點就很容易養成，具體的方法會在第三章有詳細的論述。

鎖鏈般連結的慣性行為

想完成特別的目標，不是要做特別的事。
想做特別的事，就要做好日常生活的小事。

——鈴木一朗

「慣性行為」與提示相比就比較容易理解。例如，覺得口腔不乾淨（提示）就會想要刷牙、洗完澡拿吹風機吹乾頭髮，這些日常生活的瑣事都屬於慣性行為。

我每次去健身房的提示不是時間，而是想活動身體的煩躁感。提示出現後，我會一如往常地準備衣服和水瓶，前往健身房的路線和置物櫃的解鎖方法早已深入腦中。

到健身房之後，一定會做肌肉訓練、跑步等運動項目，運動結束後，就像往常一樣沐浴、洗衣服。

一項慣性行為是下一項慣性行為的提示。到健身房運動是一項複雜的行為，提示與慣性行為像鎖鏈一樣緊密相連，形成連續動作，就像每個人早上起床後，都會重複與昨天的事（固定儀式）一樣。

慣性行為影響心的頻率

慣性行為的好處是能透過日常行動改變心情，像調節器一樣調整我們混亂的心。村上春樹每天跑步一小時，遇到負面批評或是遭遇挫折時，會刻意跑得久一點，我也是幾乎每天跑步，發生不愉快的事時跑得更勤快。

因為我發現跑步可以改變我的心情，問題的本質不在問題本身，而是如何看待問題，這就與心情有關。情緒會影響意志力的強弱，維持日常習慣可以消除負面情緒，幫助恢復意志力。

鈴木一朗遇到煩心事時，他會用心去做每天要做的事，他說：「只想著解決內心的煩惱很困難，但只要讓身體一如往常地活動，就能把心拉回正軌。只要我情緒低落，我就會用這個方法讓心態變得正面積極。」

讓身體一如往常地活動，心就會配合身體調整。當我們想要某樣東西而衝動購物時，這時會呼吸急促，所以我們需要刻意深呼吸，透過意識降低慾望。養成慢呼吸的冥想習慣，也有助於降低慾望。

職業橄欖球選手五郎丸步，在踢球前會結手印、滑冰選手羽生結弦，在滑冰前會在胸口畫十字並合掌，腦中想著決定性的勝負一擊，投入比以往更多的專注力，一定會改變身體的平衡感。

透過慣性行為讓心理狀態恢復平常心，創造出與平時練習時一樣的成績，這就是每個職業運動員都有慣性行為的原因。

找出屬於你自己的獎勵方法

「那是……毒品。」
「……毒品？」
「沒錯，只要體驗過一次岩壁，就像中毒一樣，
連日常生活就會變得像開水一樣索然無味。」
——《眾神的山嶺》

習慣中最難獲得的是「獎勵」，人都是為了獲取獎勵，不斷努力完成各種事。

- 吃美食
- 和朋友相處
- 與喜歡對象的做愛
- 賺取金錢

●在社群上獲得網友按讚

這些都是淺顯易懂的獎勵，大多數人都能理解人是為了獎勵而去做某些事。不過，還是有些行為讓人摸不清頭緒，不知道別人為什麼要這麼做。

金錢以外的非實質性獎勵

有對價關係的獎勵，一般人都會想到金錢吧，但獎勵的形式有很多種，不只有金錢。例如，撰寫維基百科的內容賺不到錢，日本作家海苔捲卻花了半年的時間，整理小林一茶的文章。這是一項十分耗費心力的工作，寫書還能拿到版稅，但海苔捲認為維基百科是一個能讓人搜尋想知道的、完全釋放自我的平台。

維基百科可以滿足人的好奇心與探究心，還能在每個人都看得見的地方發表自己的文章，這就是維基百科的作者們獲取的獎勵。作家們也會在私底下交流，舉辦網聚，對於志趣相投的社群來說，這也是獎勵之一。

微軟曾經以高薪聘請經理，邀請職業作家編纂字典，金錢就是他們獲得的獎勵。只靠一人之力想要完成這項創舉，絕對無法實現，所以就算沒有金錢獎勵，人還是能從中感受到其他回饋。

從痛苦中產生甜蜜的獎勵

有些獎勵在旁人眼中會覺得難以理解，以前我看到在烈日下跑馬拉松的跑者，總是忍不住想，這樣到底有什麼樂趣？國中的時候我加入籃球社，每天辛苦練習，可是長大後幾乎不運動，甚至質疑馬拉松到底有何樂趣。

我現在又開始跑全馬了，當有人對我說：「我完全不懂你為什麼要跑馬拉松。」對於沒有跑步習慣的人來說，馬拉松十分枯燥乏味又痛苦，但是在痛苦的長跑過程中，自然也有產生甜蜜的獎勵。

跑步會產生腦內啡是一場騙局？

跑步獲得的獎勵是神經傳導物質「腦內啡」，腦內啡就像嗎啡具有鎮痛作用，可抑制跑步的痛苦，讓人沉醉在「跑者的愉悅感」（Runner's High）中。但是有不少人懷疑這個說法，腦科學家格雷戈里・柏恩斯（Gregory Berns）便是其中之一。

已有實驗證實，激烈運動時會產生β腦內啡（為人體帶來快樂的感覺）的人，只有50％，這是他提出質疑的最佳佐證。慢跑族群中，很少人真正體會過「跑者的愉悅感」，更不可能每次慢跑都有這種感受。格雷戈里・柏恩斯認為腦內啡不是欣快感的主因，不過是副產物罷了。

壓力賀爾蒙的正面功效

既然如此，慢跑的獎勵究竟是什麼？格雷戈里・柏恩斯認為慢跑的獎勵是壓力賀爾蒙「皮質醇」。聽到壓力賀爾蒙就給人負面印象，但它到底是什麼？就如同多巴胺的功效有正反兩面，壓力賀爾蒙也是如此。

格雷戈里・柏恩斯對於壓力賀爾蒙的功效做了以下的解釋，皮質醇來自於肉體壓力，可使情緒高昂、提升專注力，有時甚至能增強記憶力。不過，效果只有一天的分泌量，也就是二十到四十毫升才有效。若超過這個劑量，反而會讓人產生焦慮，出現壓力症狀。

適度的皮質醇可與多巴胺產生交互作用，引發強烈的滿足感與極致的欣快感。格雷戈里・柏恩斯曾經請他的朋友，為他施打適量皮質醇，親身體驗皮質醇的功效，結果發現真的產生了欣快感和幸福感，這一點讓他十分感興趣。光靠多巴胺無法感受到深層的欣快感，必須與感到壓力才會分泌的皮質醇結合，才能獲得強烈的滿足感。

我每次跑步，十分鐘後身體就會產生與平時不同的感覺，此時活動身體變成一件快樂的事。一般來說，動物必須減少攝取多餘熱量，才能延年益壽。但人類在正常模式中通常都希望盡可能活在當下，充分享樂。不過，只要持續慢跑，就能進入另一種模式。

煩惱和不安逐漸消失，全身充滿不知從何處湧現的能量，感受到日常生活中無法擁有的幹勁和自信。呼吸急促的狀態確實令人痛苦，但像這樣適度給予身體壓力，運動結束後，愉悅的滿足感仍能持續一段時間。

如果只要分泌多巴胺就能獲得快感，其實還有許多方法可讓我們分泌多巴胺，享受美食就是最好的例子，根本無須從事辛苦的運動。但如果想要感受強烈的滿足感，就必須承受適度的壓力和痛苦。

只有享樂的人生真無趣！

比爾・蓋茲、傑夫・貝佐斯都是世界聞名的超級富豪，他們無須工作，整天躺在度假村的沙灘上就能度完餘生。可是，他們卻沒有這麼做，因為光是享受快樂，無法讓他們感受到強烈的滿足感。

我的前女友曾對我說：「為什麼我們每次在一起，都只做享樂的事？」她甚至為了這個原因甩掉我。她的工作很忙碌，為了讓她開心，每次約會我總是想盡辦法取悅她。因此當她這麼對我說的時候，我相當驚恐，完全聽不懂他的意思，直到現在，我終於能理解她的感受了。

人際關係中有適度的壓力才能增加滿足感，連續劇的劇情也要高潮迭起才有趣，如果只有快樂的劇情，沒有情緒起伏，就很平淡甚至是無聊。就像運動，其實還有其他獎勵。例如，許多創意點子不是在書桌前想出來的，很多都是在散步、運動的時候突然湧現的。

梅森・柯瑞（Mason Currey）寫的《創作者的日常生活》（Daily Rituals: How Artists Work）中，介紹許多作家、音樂家、畫家等各領域偉人的生活習慣，幾乎所有偉大人物每天都會散步。我在寫這本書的時候，也有許多點子是在跑步時突然蹦出來的，所以比起坐在桌前苦思，不如起來動一動吧！

透過有氧運動促進神經元

醫學博士約翰・瑞提（John J. Ratey）在《運動改造大腦：IQ和EQ大進步的關鍵》（Spark: The Revolutionary New Science of Exercise and the Brain／野人）一書中，大力鼓吹運動可提振精神，原因在於「心臟會送出大量的血液，讓大腦維持在最佳狀態」。

腦內除了神經傳導物質之外，還有名為「因子」的蛋白質群，這是約翰・瑞提認為運動有益大腦的理由。此外，有氧運動可增加大腦中的神經營養因子（BDNF）含量，實驗證實在神經元裡灑上BDNF，可使神經元長出新分枝。

神經元就像樹木一樣，長在枝頭前端的不是葉子，而是突觸。長出新枝頭就會增加突觸，神經細胞的連結也會更佳穩固，因此約翰・瑞提將BDNF這種物質形容成大腦的肥料。

運動能提升學生的成績

一般人為了提升學業成績，最常用的方法是增加讀書時間、減少運動機會，其實，運動才是能有效提升學業成績的方法。伊利諾州的內珀維爾（Naperville）針對一萬九千名學生，實施了「第零節體育課」實驗計畫，內容是在第一節上課前，讓學生跑操場或踩腳踏車，從事有氧運動。

實驗結果相當驚人，只上正常體育課的學生，在領導力和理解力的測驗中，成績只增加了 10.7%，接受「第零節體育課」實驗計畫的學生提升了17%。內珀維爾的學生在國際數學與科學教育成就調查（TIMSS）中，數學成績排名世界第六，理科成績位居世界第一（美國學生的平均成績為理科第十八名、數學第十九名）。可以證明，在唸書前做運動，可提高學習效果。

二〇〇七年，德國研究小組進行了一項研究，發現與運動前相比，運動後記單字的速度快20%，同樣證實了學習效率與 BDNF 值息息相關。獎勵是習慣的必要條件，大家都說有運動習慣的人沒有物質慾望，事實上這些人並非拒絕獎勵，而是獲得未來更大更多的獎勵。

習慣就是種成癮狀態

無論我在書中寫得多詳盡，對於沒有運動習慣的人而言，很難想像運動所帶來更大的獎勵到底是什麼。習慣養成後的獎勵就像啤酒之於孩子一樣，難以解釋。對於沒喝過啤酒的孩子，我們很難表達啤酒滑過喉嚨的暢快感，和愉悅的酩酊狀態。

我沒打過柏青哥，無法理解中獎時的快感；對不吸菸的人來說，花錢買讓人頭痛的香菸來抽，究竟有何樂趣？對於喝酒、吸菸、打柏青哥全都來者不拒的人，他們一定也很難理解古柯鹼毒蟲，為何看到白粉與注射器就興奮。

運動乍看之下是種無欲則剛的行為，事實上與吸毒的行為模式是相同的，人為了獲得獎勵而不斷重複相同行為，這就像是一種成癮狀態。人會以自己獲取的獎勵想像他人的行為，相對的，若別人獲取的獎勵與自己不同，人也很難想像那個獎勵究竟是什麼，這就是不跑步的人覺得慢跑者自討苦吃的原因。

養成習慣就像讓孩子喜歡喝啤酒的過程一樣，剛開始或許只覺得啤酒很苦，只要多試幾次，就會覺得喝酒是最大的樂趣。養成習慣無須鍛鍊意志力，也無須抗拒誘惑，只要替換成獎勵與懲罰的模式即可，不斷重複相同的行為，大腦就會產生變化。

想盡辦法從誘惑中逃脫吧

第一章介紹了棉花糖實驗，如果不只一次，而是讓孩童們接受好幾次同樣的實驗，結果將會如何？第一次接受實驗時，孩童們對於二十分鐘後拿到的兩顆棉花糖的實驗內容毫無概念，等待過程也特別痛苦。

累積幾次成功經驗後，孩童們學會一些技巧。例如，想像快樂的事，不去注意棉花糖，或將棉花糖想像成雲朵。等他們重複好幾次等待二十分鐘，就能拿到兩顆棉花糖的過程，就能體會到獎勵的魅力。

有些孩子拿到兩顆棉花糖後沒有立刻吃掉，他們將兩顆棉花糖帶回家，向媽媽分享自己的成就，希望得到媽媽的讚美，這就是他們額外得到的更大獎勵。更大的滿足感，讓眼前的棉花糖變得毫無價值，這就是養成好習慣的狀態。眼前的獎勵並未消失，而是在反覆獲得更大的獎勵之後，讓眼前的棉花糖價值變小了。

習慣養成的最初階段確實需要意志力，過程不簡單，也沒有速成方法。不過，一旦養成習慣了，就能獲得更大的獎勵，讓人能堅持下去。接下來的第三章就是本書的精華，我將養成習慣的方法分成五十個法則，要懂方法才能戰勝眼前的棉花糖。說得再簡單點，習慣的養成就是想盡辦法將注意力從眼前的誘惑移開，直到獲得更大的獎勵為止。

重點整理

- 人有45%的行動都是習慣。
- 孩子很難獨力完成的刷牙、扣鈕扣、綁鞋帶等動作，只要不斷重複就能學會，最後成為反射動作。
- 開車與做菜等看似複雜的行為，其實根本無需意識。
- 遇到問題時再喚醒意識就好，平時要保持平常心。
- 人只有在遇到煩惱時才會出現意識，但最後會產生何種結果，無人能知。

- 大鼠為了獲取獎勵不斷重複相同行為，久而久之大腦便不再思考。
- 習慣是由提示展開的慣性行為，為了獲取報酬而不斷維持。
- 養成習慣＝獎勵的替換，看似辛苦的運動也能獲得滿足感和欣快感等重大獎勵，但需要累積多次的成功經驗才能理解。
- 養成習慣就像是接受好幾次棉花糖實驗，只要有過好幾次得到兩顆棉花糖的經驗，未來的獎勵就會變得很巨大，根本沒必要討論是否值得爭取。
- 習慣的養成就是用盡一切方法，從誘惑中逃脫。

第 3 章

50項習慣法則

50 STEPS FOR MAKING NEW HABITS

STEP 01

切斷惡循環

想將髒布染出漂亮的顏色，首先必須洗乾淨。

——阿育吠陀的教誨

不安與自我否定感等負面情緒會使我們喪失意志力，這種情況下，大腦會偏向本能行為，追求眼前的獎勵。結果可能導致暴飲暴食，失去幹勁，每天無所事事地滑手機，接著我們就會開始後悔自己的行為，備感壓力。

更糟的是，當我們長期處於壓力之中，抑制本能行為的冷系統認知機能就會衰退。認知力衰退讓我們無法從脫離現實的角度看事情，就像是無法將眼前的棉花糖想像成模型或雲朵，這就是我們會被眼前誘惑吸引的原因。

長此以往，我們會陷入「習得性失助」狀態，就像在實驗中不斷遭受電擊的狗，後來就會放棄抵抗，即使只要輕輕一跳就能躲開電擊，牠也不跳。因為牠認為做什麼都沒用，進而產生消極的行為。正因為如此棘手的惡循環影響著我們，所以想要養成好習慣前，就必須先切斷惡循環。

好習慣難養成的原因

誤以為是消除壓力

我們都誤以為暴飲暴食等不好的習慣能消除壓力，不是因為必要而去做，而是當自己處於壓力，感到負面情緒時，自然想要追求眼前的獎勵。工作與生活本來就有壓力，我們無法改變。關鍵在於，我們必須釐清壓力本身是什麼，以及原本是為了紓壓而做的行為，其實讓我們壓力更大。

法國知名小說《小王子》中有這麼一段話：「我喝酒是為了忘掉喝酒的羞恥。」這句話令人悲傷。當人感到貧窮和不安時，會衝動購物，不安本身會連鎖召喚更多的不安。暢銷書作者格雷琴・魯賓（Gretchen Rubin）點出想要消除壓力的方法：「無論做什麼事想去轉換心情，絕對不能做出更自我厭惡的事。」

戒掉與養成的方法正好相反

無論是養成好習慣或是戒掉壞習慣，機制都是相同的。若想戒掉習慣，只要把養成習慣的方法反轉就可以了。例如，STEP 13的「降低門檻」是養成習慣的方法，若想戒掉習慣，就要「提高門檻」。接下來的內容除了說明養成習慣的重點外，也會舉出戒掉習慣時要注意的重點。

STEP 02

首先，先決定要戒掉什麼

放棄享樂是一件好事，因為痛苦也會跟著消失。
——普布里烏斯・西魯斯（Publilius Syrus）

無論你的一天是怎麼過的，是邋遢還是無所事事，每人每天的生活中都充滿著個人的習慣。如果想在現有的生活中加入新習慣，就必須剔除一項舊習慣，你發現了嗎？第一件要做的事就是，決定要戒掉什麼。該戒掉哪項習慣？是個很難的問題，原因就像前面提到的，因為我們都誤以為習慣是為了「消除壓力必須要做的事」。

希望未來的孩子跟你一樣嗎？

即使你現在沒有小孩，同樣值得思考這個問題：「我希望孩子跟我養成一樣的習慣嗎？」首先決定要戒掉的習慣時，最好先從對自己幫助很少的事情開始，或是做完之後沒有成就感、滿足感，只會留下後悔的事。每次當我遇到戒不掉的習慣時，還會找各種藉口安慰自己，捏造出無數藉口搪塞。

這時只要換個角度想，如果連你自己都後悔的習慣，又怎麼會希望孩子跟你一樣呢。相信很少人願意讓自己的小孩學會酗酒、抽菸、賭博、沉迷手遊或社群網站。

我一直對成年後可以隨心所欲這件事感到不可思議，如果我們會限制小孩每天只能看一小時電視、打一小時電動，那麼大人更應該受到限制。人一直到死亡的那一刻，都需要接受教育。

問題在於行為本身

當你決定戒掉某項習慣時，要戒掉的不是行為的類型，而是你認為「這件事不好」的具體行為。例如，我小時候很愛打電動，但三十歲之後我就不打了，明明我過去玩得那麼開心，現在卻瞧不起那些打電動的人。直到我聽到日本第一位遊戲玩家梅原大吾對於電玩的看法，才改變了自己的觀念。

梅原其實厭倦玩電玩，但他卻把電玩當成比賽獲勝的一種手段，所以他真正的目的是「自我成長」。為了成為電玩界的頂尖人物，他每天認真地投入好幾個小時打電玩，發現問題時立刻記錄下來，不斷改善，嘗試錯誤的過程就跟運動員一模一樣。

所以關鍵就是，只要認真去做，任何事都有值得做的價值。如果能從電玩學到人生智慧，那就沒必要戒掉。雖然我已經戒酒，但我很尊敬侍酒師和釀酒師，因為他們都是從酒學到人生智慧的人。

回想我與酒精的那些荒唐日子，我無法大聲地說，酒精讓我學到人生智慧。聚餐時喝酒確實很開心，但通常第二天就會感到強烈的後悔，這就是我戒酒的原因。

- 不希望孩子將來養成的習慣
- 做完之後沒有成就感，只剩後悔的行為
- 那些讓自己一無所獲的行為

只要謹記三大原則，就能篩選出要戒掉的習慣有哪些。

所有行為都有成癮性

人生需要那些刻意享受的娛樂，問題就出在，你明知道要戒掉卻無法戒掉。成癮症就是自己無法戒掉的行為，不只是酒精或尼古丁，還有其他許多具有成癮性的物質，砂糖就是其中之一。

神經科學家妮可・艾維納（Nicole Avena）曾經做過一項實驗，研究小組長期餵大鼠吃砂糖，結果大鼠表現出強烈慾望，並產生和古柯鹼一樣的抗藥性，甚至出現戒斷症狀。在一項針對三百八十四位成年人進行的問卷調查中，有92%的人回答，他們曾經沉迷於某項特定食品，嘗試戒掉好幾次都失敗。

有成癮性的不只是物質。芝加哥大學醫院的約翰・格蘭特（John Grant）曾經說過：「帶有過度獎勵性、欣快感和舒適感的事物，全都具有成癮性。」不只是毒品，特定食品、購物、性愛、順手牽羊、社群網站與所有行為都有成癮性。就像我喜歡慢跑是因為感覺心情愉快，這也是一種成癮反應。

愈容易得到的愈容易成癮

容易成癮的事物都有一個特點，那就是很容易得到，因為能夠立刻讓心情愉快。就像是如果喝酒後要六個小時才能產生愉悅的微醺感，相信喜歡喝酒的人一定會變少；或是網友在你的社群網站上按讚，一個月後才會在信箱收到按讚通知，相信也不會有這麼多人沉迷社群。

成癮狀態的大腦無法判斷這個愉悅感，是因為藥物所產生的「壞多巴胺」，或是透過運動產生的「好多巴胺」影響，只是不斷重複讓人感到快感的行為而已。所以我們必須運用自己的意識，思考到底該戒掉哪項行為。

戒酒的理由

我第一個戒掉的習慣是喝酒。我不是否定與酒有關的文化，也不認為各位應該立刻戒酒，只是對我來說，戒酒人生會更好。我以自己戒酒為例，向各位說明，戒掉某個習慣是怎樣的流程。

戒酒之所以難，是因為所有人都認為要不要喝酒可以自己決定，也不認為自己有酗酒的問題。因為很少人會從一大早就開始喝酒，才會輕忽這件事的嚴重性，沒有人因為想酗酒才去喝酒，一切都是從喝第一口酒開始，這是所有人都會面臨的問題。

我是在一年半前才成功戒酒，之前也試過好幾次，無論怎麼努力都無法成功。我喜歡喝酒，也喜歡參加聚會，和朋友一起喝酒。但是我之所以想戒酒，是因為我從很久以前就想「早起」。

美國作家海明威（Ernest Miller Hemingway）曾說他不管喝酒喝到多晚，第二天一定會早起，我想如果我擁有海明威的體質，或許就不用戒酒了。酒精會麻痺了冷卻慾望的冷系統，就算只想喝一杯就結束，很少有人能真正放下酒杯。

我想過規律的生活，卻因為宿醉睡到下午才起床，再這樣下去，我再也無法養成早起的習慣。我開始厭惡這樣的生活，更質疑酒後的後悔情緒繼續占據我的人生真的好嗎？

STEP 03 利用轉機

感冒也能改變世界觀，
因此，世界觀不過是種感冒症狀罷了。

——契訶夫（Anton Chekhov）

我現在已經養成許多習慣，所有關於習慣的「提示」都和我的家緊密相連，所以如果我搬家了，就要重新在家中建立新的提示。反過來說，當你想做某件事，不妨巧妙利用轉機，搬家就是一個好方法。生病，就是我戒酒時利用的轉機，酒精是一種毒品，具有物質成癮性。光靠意志力這種不可靠的力量很難成功戒酒，就像我們極度飢餓，瀕臨死亡時，也不可能靠意志力不吃東西。

某次旅行的時候我染上流感，在床上躺了五天，無法動彈，被迫取消原本很期待的潛水計畫。別說喝酒，就連填飽肚子都成為奢望。不過，當我連續五天滴酒不沾之後，我發現喝酒的慾望比過去降低許多，所以戒掉某項習慣最痛苦的時期，就在剛開始的前五天。

我把握這個機會，剛戒酒的二十天我還是想喝酒，看到別人喝酒也會羨慕，但是一個月過去後，我就算看到酒卻沒有想喝的慾望。跟我一起寫部落格的沼畑直樹，也趁著住院治療牙齒的機會戒酒，我還聽過許多戒菸的故事，過程與我經歷的差不多。

生病令人喪失鬥志，透過身體與平時不同的狀態下，正是戒掉壞習慣的大好機會。回想起來，被女友甩掉時正是我開始極簡的轉機。翻開當時的日記，我還經常去寺廟參拜，就是這樣的轉機成為改變我的後盾。

在最需要的時候放手

如果你必須吃下兩隻青蛙，先從最大的那隻開始吃。此外，一直盯著青蛙看毫無意義。

——馬克・吐溫（Mark Twain）

我認為自己戒酒的時機恰到好處，當時適逢一月，我立刻在部落格上宣示我的新年新目標是戒酒。一月有許多新年聚會，還有朋友的婚宴，正是最難戒酒的時期。此外，搬到鄉下住對戒酒也很有幫助，有一段時間我都靠走路和騎腳踏車移動，家附近沒有自動販賣機，也沒有便利超商，樸實的環境幫了我一個大忙。

刻意在最需要的時候選擇放棄．是最有效的方法，從某個時期開始，我不想在頭上抹髮蠟，後來我決定在約會的那一天戒掉髮臘。在最需要的時候放手，從此就可以不需要它了。酒也是同樣的道理。到了某個年齡，我與女性的認識和約會都是從喝酒開始，只要改變這樣的習慣，平常的生活中就算出現些微的慾望，我也能視而不見。

戒酒的第四個月，剛好那時我在紐約的餐廳吃飯，那是我戒酒過程中最精彩的時刻。我的前作《我決定簡單的生活》推出英文版，為了紀念書籍出版，我還到紐約演講，我和當地出版社編輯、居中翻譯的編輯夫人和出版經紀人，一起在餐廳聚餐開會。我在紐約這個美麗的城市，與特別的人士一起慶祝此生難得的大好機會，連這麼重要的場合都能滴酒不沾，證實我真正達成戒酒的目標了。

STEP 04 完全戒掉，才最簡單

十八世紀英國文學家塞繆爾・詹森（Samuel Johnson）的朋友曾經邀他「喝一點」紅酒，他回答：「我沒辦法只喝一點，所以我絕對不碰酒。對我來說，不喝很簡單，但喝少一點很困難。」我完全同意他的看法。

與其完全不喝酒，每週喝一到兩次酒，既可享受喝酒的樂趣，也能維持喝酒的興

趣。但我的答案跟塞繆爾・詹森一樣，完全禁酒才最簡單。過去的我一直覺得完全不喝酒太寂寞，因此想出許多可以破例喝酒的條件。例如，和女友在一起可以喝酒、旅行時可以喝酒、參加朋友的婚宴可以喝酒、我只喝有機酒廠釀造的酒與自己喜歡的啤酒等等。

誰知道例外條件愈來愈多，最後就會變成只要和〇〇在一起就可以喝酒、今天就是個特別的日子，喝了吧。條件變得愈來愈複雜，我不禁開始思考這樣真的好嗎？或許忍著不喝酒更好。簡單來說，我喚醒了意識，透過意識思考戒酒這件事，變得很難維持戒酒習慣。

啟蒙時代著名的德意志哲學家康德（Immanuel Kant）允許自己一天抽一根菸斗，可是隨著時間過去，菸斗變得愈來愈大。從這些例子我們可以發現，太多的例外反而很難維持好習慣。

無須禁慾，也無須忍耐

當你不想做某件事或不想去某個地方，
最有效的方法就是發誓絕對不做。

——馬克・吐溫

我之所以想出許多例外條件，是因為在我心中認為喝酒是一件快樂的事，只要我抱持這樣的想法，就不可能真正戒酒。當你認為做某件事很快樂，遇到不做那件事的日子就必須「忍耐」，無法獲得獎勵的忍耐，是無法持續下去的。

當我們想戒掉某項行為，千萬不要使用禁止的方式。例如，不要說「絕對不喝酒」，而是轉念「我不喝酒也過得很好」，不要想著我沒得到的好處，而是正視自己感受到的痛苦。

每次我跟朋友說我在戒酒，他們總是說我無欲則剛，其實根本不是這麼一回事。

斷然拒絕酒精誘惑的狀態下，才能稱為禁慾，對於那些意志力堅定的人，其實從一開始就沒受到誘惑。即使去居酒屋，他們也不會三心兩意，他們並非在猶豫要不要喝酒，而是從一開始就決定不喝酒。

當我們不斷重複相同行為，大腦突觸上的連接點「樹突棘」就會愈來愈粗大，這就是戒酒成功的人，只要喝一杯酒就會打回原形的原因。相反的，若不重複相同行為，「樹突棘」就會接近休眠狀態。

現在我已經想不起來喝啤酒時的爽快感，所以我完全不會產生想喝酒的念頭，就像小學生不明白為什麼大人喜歡喝啤酒的狀態。以前我可以直接灌威士忌，根本不用兌水稀釋，但現在只要聞到酒精濃度較高的酒，就會感到噁心、全身發麻。

我的狀態看在嗜酒如命的人眼中，一定會感到不可思議。就像喜歡慢跑的人在大太陽底下跑步覺得開心，旁人卻完全無法理解一樣。我以前也認為如果不喝酒，人生的樂趣就會少七成，但看看那些不喝酒的小學生每天開心過日子的模樣，就知道我的想法大錯特錯。豆苗採收後還會再長出來，同樣的道理，戒掉某項壞習慣才能培養其他樂趣。

做不到就大膽改變

想與各位分享一則小故事，從這個故事就能了解目標設立的重要性。過去的松下電器產業（現為Panasonic）為了節省成本，設立了減少一成電費的目標，但這個目標始終達不到。松下幸之助邀集幹部開會，提出一大堆毫無效果的對策後，他說：「我知道了，我們改變目標，不是減少一成電費，而是減少一半。」

減少一成的目標必須發揮小聰明、想到很多新點子，對一般人來說很難做到，但減少一半電費就必須改變整體思維。自從設立新目標後，松下電器產業終於減少了一成電費，這就像完全戒掉比只做一點更簡單一樣。

STEP 05

凡事都要付出代價

只要看看被你丟掉的、你想丟掉的東西有多大，就知道你擁有的有多少。

——《眾神的山嶺》

無論想戒掉壞習慣或養成好習慣，絕對不能只享受好處。作家約翰・加德納（John Gardner）曾說：「違法一定要付出代價，守法也是。」例如，騎機車不戴安全帽不但危險，還有可能被警察攔查開罰單。但若遵守法律規定戴安全帽，雖然安全，卻感覺受到束縛，降低了騎機車自由奔放的感覺。

好習慣難養成的原因

只想享受好處

同樣的，戒酒也要付出代價，因為我出席慶賀場合或節日活動都不喝酒，因此許多人都用憐憫的眼神看著我。在我嗜酒如命的那段歲月，我也認為不喝酒的人很無趣，所以我很能體會他們的想法。以下是我戒酒後最常遇到的反應。

朋友：「喝一點有什麼關係？喝嘛！」

媽媽：「我一個人喝好無聊喔。」

新宿黃金街：「不要做無謂的抵抗了啦！」

法國人：「真的不喝嗎……？」

我喜歡許多東西，但我不會因為丟掉那些東西就否定它們的價值，就像我現在雖然不喝酒，但我並不否認喝酒的好。有些人很想戒掉某項習慣或丟掉某些東西，當這種心情愈強烈，看到能真正做到的人就會愈生氣。就像無法整理或丟東西的人，看到極簡主義者就滿懷怒氣，這是因為他們不知該如何改善自己的行為。當你真心認為自己做的事情是對的，就算看到做出與自己相反行為的人，也會心懷憐憫，絕不會惱羞成怒。

雖然我付出了代價，但不喝酒帶給我更多的好處。例如，我的作息正常了、健康改善了、生活花費減少、垃圾也變少。再也不會因為醉醺醺而鬧出事情，從早到晚的意識都很清晰，最棒的是，我終於能過著能不被酒精誘惑的安穩生活。戒掉習慣最重要的關鍵在於，你是否付出了不計一切都想達成目標的代價。

村上春樹每天慢跑、動筆寫小說，過著規律的生活，經常婉拒身旁朋友的邀約。他說：「當你一直婉拒朋友的邀約，朋友一定會生氣。」寫小說時最重要的是與不特定多數讀者的連結，為了維持這個連結，就必須付出讓身邊親近的朋友生氣的代價。關於這一點，我也深有同感。

STEP 06

找出習慣的提示與獎勵

《為什麼我們這樣生活，那樣工作？》的作者查爾斯・杜希格一直想戒掉某項習慣。他每次工作到下午，就會去咖啡廳買巧克力碎片餅乾，然後與在咖啡館附近工作的同事一邊閒聊一邊喝下午茶，這項習慣讓他胖了好幾公斤。後來他成功戒掉這項習慣，這裡就以他戒掉吃餅乾這個習慣當作範例。

關鍵的慣性行為是「吃巧克力碎片餅乾」。因此，首先要做的是，找出讓自己做出這項慣性行為的提示是什麼。查爾斯・杜希格利用先前提到的方法，將提示歸納成以下五種：

- 地點：在哪裡？
- 時間：什麼時候？
- 情緒狀態：當時的心情如何？

● 周圍的人：與誰一起？
● 之前緊接的連續動作：做什麼？

他記錄了幾天後，發現自己每天一到下午三點就想吃餅乾。接著要確定吃了餅乾後可以獲得什麼獎勵。在之前緊接的連續動作中，含有的獎勵包括，轉換工作情緒、攝取糖分、與同事交流等，只要一一排除無關緊要的獎勵，就知道自己真正想要的獎勵到底是什麼。

結果他發現自己想要的獎勵是，轉換工作情緒以及與同事交流，所以他設了每天下午三點的鬧鐘，這就是他的提示。他養成了鬧鐘一響就去找同事聊天的習慣，成功戒掉巧克力碎片餅乾。

喃喃自語的獎勵

在還沒想出解決方法前，我動不動就打開推特，不是看別人的推文，而是看別人對我PO文有什麼反應。我在寫這本書時，或許是因為大腦不斷在運作，產生許多想法，讓我很想對大家分享。但沒想到當我將所有想法發表在推特上，看到別人的回應後，反而無法再動筆寫書。

於是我在手機記事本上開了一個名為「推特」的文件檔，當我想到什麼點子就寫在檔案裡，效果很好。我使用推特是因為可以獲得按讚數，但最大的獎勵是可以保留自己的創意。沒人知道也無所謂，只要能保留自己的創意，我就很滿足了。

戒掉想做某件事的慾望和獎勵十分困難，我能改變的只有慣性行為的內容。幫助我最大的是名為「+1」的手機應用程式，只要按下按鍵就會出現「1、2、3」……數字不斷增加，這是一個純粹用來數數的應用程式。

當我想打開推特PO文時，我就先打開「+1」，然後開始按按鍵。這個做法可以滿足我的成就感，獲得獎勵，一旦獲得滿足我就再也不會想開推特。不管是想改掉翹二郎腿、挖鼻孔等任何壞習慣，都能用「+1」戒掉。慾望來的時候立刻按下手機按鍵，到了晚上，發現手機裡留下十或二十個數字，會感到滿滿的成就感。

STEP 07

找出造成壞習慣的元凶

我想要早起已經想了好幾年，卻總是做不到。讓我無法早起的原因有很多，所以我必須像偵探一樣找出真兇，這起「早起殺人事件」在我抽絲剝繭的推理下，終於順利偵破。每天一到我預計的早起時間，鬧鐘就會響，一響我就按下貪睡鍵，然後不斷重複這個過程，看來我已經養成「鬧鐘響就會按貪睡鍵」的習慣。

話說回來，只要我睡飽了就會自然醒來，這代表在鬧鐘響起的時刻我並沒有睡飽。造成這個結果的原因是我在睡前喝酒，而且喝到很晚才睡。酒精會讓人淺眠，所以酒精是嫌疑最大的犯人。

不對，下酒菜也是必須追查的線索之一。因為我都是吃飽了才睡，所以必須花更長的睡眠時間才能消化這些食物，這也是一個可能性。此外，我也得考慮枕頭是否合適，但酒精仍是第一嫌犯。話說回來，我為什麼喝酒？莫非有其他原因？

我在推理過程中，忽然翻到某一天的日記，原來那天我也喝了酒，事後非常後悔，以下是當天日記的內容：

首先，我對無法如期完成的書稿進度感到沮喪，回家時順路去超市買東西，我忍著不買啤酒，卻買了洋芋片。回家後沒幾分鐘就把洋芋片吃光光，對這樣的自己感到十分厭惡。回家前我壓抑了買啤酒的慾望，現在卻無法抗拒啤酒的誘惑，又跑到附近的商店買酒。喝下第一罐後就無法自拔，決定再喝一瓶酒精濃度較高的燒酎，於是再次跑到店裡。

該寫的書稿沒寫，對這件事感到不安，就是造成這個惡性循環的原因。原來，我開始喝酒的原因來自工作沒有完成的壓力，這才是讓我無法早起的真兇。像這樣解剖壞習慣、深堀好時光的過程，真是令人感到愉快。

STEP 08 不要把身分當成藉口

許多報社記者與編輯的辦公桌上堆積著滿滿的資料，像地層一樣層層向上堆疊。

我以前也是如此，工作上我的確需要許多參考資料，也很忙碌。不過，當我不再放物品桌上後，我發現不但不會阻礙工作，反而讓工作更順利。

報社記者與編輯總給人一種時尚有型的錯覺，為了做出好報導、寫出好文章，桌上必須堆放著一層又一層的資料，就像是告訴別人我忙到沒時間整理。

天才不等待靈感降臨

每個人都會對某些職業存在著浪漫幻想。例如，作家總是延遲交稿、藝術家總是等待靈感降臨等。曾有其他作家這樣形容村上春樹，說他總是等截稿日到了才寫稿，直到無法再拖延了，靈感就會從天而降。

《創作者的日常生活》這本書中深入追蹤了一百六十一位作家與藝術家的日常生活，只要讀過這本書，絕對會顛覆你對這些工作的幻想。其實，在第一線工作的人每天的習慣都很規律。畫家查克・克洛斯（Chuck Close）曾精闢地說：「只有門外漢才會認為畫家都是有靈感了才畫畫，其實真正專業的畫家，只要有時間就會投入工作。」美國作曲家約翰・亞當斯（John Adams）也說：「幾乎所有充滿創造力的人，工作習慣都很平凡，一點也不有趣。」

特質可以改變

其實，不只對職業的幻想可以改變，個人特質也可以改變。我以前一直以為自己是夜貓子、沒有酒就活不下去，我家人的體型都比較豐腴，在我過去很胖的時候，也以為這是家族遺傳改變不了。

事實上，肥胖是過去生活習慣的累積，並非無法改變。若因為身為極簡主義者，就忍著不買自己真正想要的東西，就是本末倒置，不能因為現在的特質去限制未來的行動。

STEP 09

首先養成基石習慣

有一種習慣稱為「基石習慣」（Keystone Habit），只要養成這項習慣就能發揮骨牌效應，對其他習慣帶來正面影響，最具代表性的習慣包括整理、運動與早起。

我因為實踐極簡主義養成的整理習慣，就是我的基石習慣。減少衣服和盤子數量，不僅洗衣籃裡不再堆滿待洗衣物，水槽中也不再堆積髒碗盤。正因為數量少，更需要勤於清洗，而且因為數量不多，洗起來很輕鬆。

過去討厭做的所有家事，現在都變成我最喜歡的事。原本不喜歡的事情，在改變條件之後，就變成喜歡的事情，這也是我開始對習慣感興趣的契機。人都喜歡可以輕鬆獲得報酬的事物，很容易養成習慣。

極簡主義會降低所有習慣的門檻

由於使用的物品都經過精挑細選，因此大幅降低了購物和管理物品的時間。節省下來的時間，可以用來養成新習慣。不僅如此，減少物品的好處還能降低其他所有習慣的門檻。

例如，我之所以能養成每天做瑜珈的習慣，是因為屋裡東西少了，有空間可以鋪瑜珈墊，才能輕鬆維持運動的習慣。如果運動服淹沒在堆滿衣服的衣櫥裡，當然不會讓人想去健身房。一大早在髒亂房間裡醒來，與在整潔房間裡醒來，心情截然不同，所以極簡主義是養成其他習慣的最有效幫手。

想要養成習慣，卻不知該從何處做起的人，可以從減少物品開始。適當地減少東西，就不會讓東西散亂一地，無須學會複雜的整理術，只要養成用完歸位的小動作就可以了。

運動也能成功減物

每個人養成習慣的順序不同。有些人第一個養成的習慣是運動，勤做肌肉訓練鍛鍊身體，身形就會變得更好，衣櫥裡只要有簡單的牛仔褲和T恤就夠了。衣服減少之後，接下來就能減少更多身外之物，從減肥開始或許是個不錯的做法。美國知名演員阿諾・史瓦辛格（Arnold Schwarzenegger）最初是一名健美先生，養成鍛鍊肌肉的習慣，讓他成為演員，甚至跨足政治，成為政治家。

早起是好習慣的領頭羊

早起是很重要的習慣，我們無法改變不規律的下課和下班時間，但我們可以選擇自己的起床時間。起床後是一天之中專注力最強的時段，所以我都會在早上先做想做的事，這樣才能應付每天可能會有的突發狀況。

首先，我會確保足夠的睡眠時間，所以早起對我來說並不痛苦。不過，遇到熬夜的時候，我也會想多睡一會兒。讓早起成為養成習慣的基本責任，是克服賴床的最好方法。

過去我利用日記和手機應用程式記錄各種習慣，發現我無法早起的日子，通常會跳過後續的瑜珈和冥想。而且無法早起會讓我自我否定，喪失意志力，一整天過得渾渾噩噩。一旦早起失敗，後續的其他習慣就會跟著瓦解。早起就像是我一整天的先鋒，也是帶領所有習慣向前的領頭羊，若一開始就失敗了，後續習慣也無法完成。

早起的責任變得比過去重要後，我反而更容易早起。一起床就立刻做瑜珈，活動身體，讓我神清氣爽。不斷重複相同的行為，只要時間一到，腦中就會浮現我會在五分鐘後醒來，自然而然就能睜開雙眼了。

STEP 10 寫下自我觀察日記

在所有習慣中，我建議各位可以在初期養成寫日記的習慣。日記是自我觀察的紀錄，我相信不可能所有人在看完這本書後，就能養成各種好習慣。要經歷過不斷的失敗，才能知道什麼是真正的缺點，所以一定要記錄自己的失敗經驗。記下自己是在什麼樣的情境中，說出什麼樣的失敗藉口，當紀錄完成後，下次遇到類似情境時，你會慢慢懂得如何面對。

美國心理學家凱莉・麥高尼格（Kelly McGonigal）認為，回顧「選擇行為的瞬間」很重要。記錄自己何時決定實踐習慣，又或是用什麼當作藉口才會失敗，並在事後回顧自己的紀錄。

找出自己的隱性傾向

若沒有留下文字紀錄，人會為了保護自己而扭曲事實，產生「動機性推理」（Motivated Reasoning）。「動機性推理」指的是先決定做或不做，再來編理由的心理現象。

我曾經在實踐無糖生活的過程中，遇到非常想吃甜食的時候，我在日記寫著：「聽說不能完全不攝取糖分，設定放縱日，偶爾放縱一下吃一點糖，反而可以提升無糖生活的效率。」結果發現我設定了好幾天放縱日。

從日記回顧我自己的飲酒情形，發現我編造了許多理由喝酒，包括「哎呀！原來紅酒有燃脂效果！」、「書籍再版了，要慶祝一下，喝兩杯！」等。我不是真心想慶祝，只是想喝酒而已。

只要找得到冠冕堂皇的理由，就無法真正戒掉壞習慣。若沒有做紀錄，我們的記憶會在某個時間點被捏造的藉口竄改，不斷重複同樣的錯誤，但是寫下來的文字騙不了人。

我在日記裡寫下無數次自己因為想喝一杯，到最後總是喝到不可收拾的狀況。持續紀錄，才能深刻體會壞習慣的缺點，對我來說，「只喝一杯」才是絕對不可能實現的夢想。

設定體重警戒線

透過日記就能觀察自己的隱性傾向。我的身高一百七十六公分，只要體重超過六十七公斤，腹部贅肉和雙下巴就會變得很明顯，而且注意力也會開始下降。我是在翻閱日記的時候，發現只要體重超過六十七公斤，就會出現相同症狀。因此，我平時很注意體重，避免超過六十七公斤這條警戒線。寫日記，留下文字紀錄，就能從客觀角度察覺自己，容易在什麼時候開始動搖。

日記裡只能記錄事實

養成寫日記的習慣，祕訣不在於寫得多好，而是記錄事實。許多人以為寫日記就是要寫文情並茂的散文體，其實這樣只會讓自己更累而已，而且無法持續下去。《安妮日記》（Het Achterhuis）之所以成為暢銷書，是因為安妮・法蘭克（Anne Frank）的日記時並不是寫給別人看。如果想著要給別人看，就會花很多心思修飾文句，其實只要留下自己看得懂的文字就可以了。

我是在讀過日本思想家表三郎寫的《日記的魔力》後，才真正養成寫日記的習慣。表三郎開宗明義就說，日記是一種紀錄，他寫了三十年日記，裡面寫的都是喝葡萄柚汁、抽菸這類生活紀錄。

如散文般浪漫唯美的事情不會每天發生，但每天都會發生生活的事實。例如，幾點起床，午餐吃炸竹筴魚定食等。事後翻閱日記，可以喚醒你的記憶，感覺十分快樂。每個人的狀況都不同，經年累月的日記是幫助每個人養成習慣的病歷，請各位務必參閱病歷內容，自行調配藥物服用。

STEP 11 利用冥想鍛鍊認知力

各位可以在習慣養成的初期利用冥想，因為冥想是冷系統中認知力的鍛鍊方法。冥想就是「後設認知」。後設認知指的是從第三者的角度，感受自己現在的想法與感覺，學會後就能不主觀地感受「好想吃棉花糖」，而是客觀觀察「現在的我想吃棉花糖」的事實。

人一天會想七萬件事，冥想是讓我們意識到胡思亂想這件事，讓意識專注在呼吸上。冥想要意識的是呼吸傳遞到皮膚的感覺，體會從鼻子吸進空氣，通過氣管進入肺部，擴散到身體各處的皮膚。

做了之後就會發現這不是一條直線道路，因為我們的思緒會不斷飄往其他方向，我們的心會開始自言自語起來。不過，只要持續冥想，就能客觀地觀察自己的慾望和情緒，冥想是幫助我們察覺自己想法的練習。

我很快就養成冥想的習慣，或許是因為我的居住空間整理得很乾淨，讓我感到心情平靜，但最重要的是，我很快就得到冥想的獎勵。結束冥想後，我發現自己看事情的解析度變高了，原本堆積在腦子裡的沉澱物一掃而空，心變得單純、清爽。

冥想也有助於改善酗酒問題

冥想能用來治療酗酒問題。實驗證實，冥想時可抑制大腦「後扣帶皮層」的活動，此區也與重複思考同一件事有關，當一個人一直想同一件事，就會產生強迫觀念。冥想有助於我們從第三者的角度，察覺自己的強迫觀念。例如，我是個差勁的人、我做什麼都不順等，這些負面想法都能一一浮現。

STEP 12 幹勁，做了之後才會有

> 問題不在於沒有幹勁，
> 而是認為自己必須有幹勁的刻板觀念。
> ——奧利佛・柏克曼（Oliver Burkeman）

在我還沒養成每天運動的習慣之前，我發現比起在健身房舉槓鈴或跑步，「出門去健身房」這件事最困難。每次舉槓鈴和跑步時，從來沒想過要放棄，乾脆不做了回

家吧。可是，在去健身房之前，我會一直想今天要去嗎？還是在家休息一天好了，或今天好懶得出門運動喔。

好習慣難養成的原因

過於依賴幹勁

最大的問題出在，只要等待自然就會產生幹勁的這個想法。日本腦科學家池谷裕二曾說：「不做就不會產生幹勁。大腦的伏隔核活躍會讓人產生幹勁，但人必須先行動，伏隔核才會發揮作用。」總而言之，一切從行動先開始，接著才會產生幹勁，這個現象稱為「勞動興奮」。出門去健身房很難，但只要開始準備、踏出家門，大腦就會產生幹勁，自然就能輕鬆運動了。

人從來都是，不做了才後悔

會產生罪惡感和後悔都不是因為遵守了習慣，反而是因為沒遵守自己的習慣。每天早起後，我從沒有後悔自己早起，或是運動後覺得真是虧大了。反而是想偷懶，不想做某項習慣時，事後才再後悔，每次都會說早知道就好好做。

面臨人生中的重要抉擇時，也是同樣的道理。知名作家婷娜・希莉格（Tina Seelig）曾說：「不知該如何抉擇時，創造一個以後可以大聲說出來的故事。」當你聽別人分享自己的人生故事時，你大概不會想聽到對方說，放棄自己的夢想是工作太忙、預算不足或擔心能力不夠吧。

STEP 13 降低門檻

付諸行動是產生幹勁的最重要關鍵，既然如此，我們要如何踏出第一步？重點就是降低門檻。許多人以各種物理現象來比喻萬事起頭難這件事，要讓車輪轉動，人必須使出全身的力量推車，只要讓車輪開始轉動，接下來就不用這麼費力；電車也是啟動時才會使用引擎，之後全靠慣性前進；火箭發射後不久後燃燒的燃料，比升空後的八十萬公里還要多。

剛開始學英文時什麼都聽不懂，感覺很痛苦，但漸漸懂了之後，就覺得很輕鬆。所以在轉動車輪時，也就是需要使出最大力量的階段，這時就要排除路上的障礙物，之後才能養成好習慣。

向壞習慣的低門檻學習

一般人最難戒掉的行為，通常門檻都很低。例如，釀酒很難，但喝酒很簡單，只要到任何一家超商就能買到酒，回家後倒在杯子裡就能喝；香菸很輕很小，只要點火就能抽；玩電動或賭博，不用運動全身需或揮灑汗水，只要動動雙手即可。

智慧型手機也是一樣，小小一台放在口袋裡，想用時隨時拿出來，所以容易讓人沉迷。或許因為在電車裡看報紙必須將報紙摺起來，所以現在已經很少看到乘客在車內看報紙。人類會愈來愈依賴智慧型手機，說不定未來政府會制定法律，規定「智慧型手機的大小，不可小於最新一代的 iPad 平板」，避免國民罹患手機成癮症。

日本學者野口悠紀雄曾說，他是躺在沙發上，利用手機的錄音功能錄下書籍內容後，再編纂而成。使用智慧型手機的門檻比使用電腦更低，他就是利用這點完成自己的工作。

降低門檻，使用率就會頻繁

我認為降低行為門檻最成功的企業就是亞馬遜網站。進入網站後，只要按一下滑鼠就能完成購物，不僅如此，更推出網路購物實體按鍵裝置 Dash Button，只要按下按鈕就能完成訂購。例如，在洗衣機旁放置洗衣精購買按鈕，洗衣精用完時，只要按下按鈕即完成訂購。最新的購物管道是對著智慧音箱說「Alexa，幫我訂汽水」，簡單一句話就能完成。

發生重大天災時，我會想透過網路捐款表達心意，但每次都要輸入證件號碼與密碼先完成登錄。如果使用亞馬遜網站，因為早已綁定信用卡號碼，可以省略許多步驟，亞馬遜之所以成為購物網站的首選，最大的原因就是使用門檻極低。

可降低的門檻分成三種

可降低的門檻有許多種，包括距離與時間、步驟和心理。

首先是距離與時間的門檻。在日本皇居慢跑是一件非常開心的事。可是，如果從家裡到皇居必須坐一小時的電車，就很難養成「在皇居慢跑」的習慣。與其如此，不如在家附近尋找適合的慢跑路線，還比較容易持續下去。上健身房也要選擇離家近的店。先從拉近物理上的距離和時間開始，成功機率才會提高。

接著是步驟的門檻。在我習慣去健身房時，我已減少所需物品的數量。有一天，我像往常一樣在家裡猶豫要不要出門去健身房，於是我將去健身房的步驟一一列舉出來，思考究竟是什麼阻礙了我。

健身房離我家很近，開車一下子就到。我腦中第一個想到的答案是「穿脫緊身運動褲很麻煩」，雖然是件小事，但許多小事累積下來就能改變一個人的行為。雖然穿緊身運動褲看起來比較時尚，但我最後還是決定改穿容易穿脫的褲子。此外，我也不泡運動飲料，改喝白開水，裝果汁的袋子和換洗衣物的包包，全換成容易拿取的款式。這些微小的改變，讓我養成了運動的習慣，效果真的很好。

還有一個降低步驟門檻的有趣建議。知名馬拉松選手谷川真理曾說，若想在冬天養成晨跑的習慣，建議穿著醒來就能立刻出門慢跑的衣服睡覺。她的建議十分有道理，在寒冷的冬天起床後，換衣服不僅很冷，也很麻煩，因此只要排除這些阻礙，就很容易養成習慣。

降低心理門檻最重要

絕對不可忽略心理門檻。以我為例，我第一次去瑜珈教室時，也遭遇許多門檻，擔心自己的身體太硬，其他人可能會笑我，或是只有我一個男性，該怎麼辦等等。

其實，這是每個初學者都有的心理障礙，而這些心理門檻一定是瑜珈教室Q＆A中常見的內容。無論從幾歲開始練瑜珈，身體都會愈練愈柔軟，而身體僵硬的人，比天生柔軟的人，更能享受瑜珈的樂趣。做瑜珈的目的不在於如何擺姿勢，其實慢慢習慣之後，我反而比較慶幸班上的男性學員較少。

STEP 14

從低門檻開始嘗試

我們面對龐大的資料時很容易感到焦躁，當我們開一個網頁，讀取網站頁面的時間在兩秒以內時，跳出率（Bounce Rate）是9％；如果長達五秒，就會有將近四成的人關掉網頁。這代表，不管網站內容多有趣、商品多好用，只要太花時間，網路使用者打開網站的意願就會變低。

假設我們突然心血來潮想寫日記，開啟 Word 程式卻遲遲打不開新檔案，這種情形會讓人感到氣餒。因此，在養成寫日記的習慣之前，我都用OS作業系統附屬的文件編輯器，因為開檔速度快、錯誤率低，可以幫助我維持寫日記的習慣。使用 Google 輸入法打上「今天」、「明天」，就能立刻切換成日期，用起來很簡單。這些毫不起眼的低門檻，會幫助我們提升幹勁，請務必嘗試看看。

決定動手術和捐贈器官都是一種門檻

行動經濟學家丹・艾瑞利（Dan Ariely）分享的案例令人印象深刻。在討論是否動人工髖關節手術時，如果還有患者從未嘗試過的藥物，許多醫生會決定不動手術。因為醫生希望患者使用過所有的藥物，若全部沒效再考慮是否動手術。不過，如果沒嘗試過的藥物有兩種，大多數醫生反而會選擇動手術，這是因為嘗試所有藥物的過程較為麻煩，動手術相對簡單。

遇到器官捐贈這類重大抉擇時，也是同樣的道理。如果問卷調查的問題是「想捐贈器官者請打勾」，捐贈率較低；反之，如果問題是「不想捐贈器官者請打勾」，捐贈率反而變高。當人遇到器官捐贈這類困難的抉擇時，人會審慎評估，選擇「不作為」的狀態。

STEP 15 想戒掉的習慣，就要提高門檻

剝開心果的殼是一件很麻煩的事，但比起吃無殼開心果，剝殼的動作可以避免我們吃太多，我稱為「開心果理論」。如果你有想戒掉的習慣，不妨找出像開心果殼一樣高難度的事，簡單來說，就是提高門檻。

若將社群網站的應用程式下載在手機裡，我會忍不住一直看自己的社群網站，所

以我不下載應用程式，只用電腦的網頁瀏覽器開啟，而且每次使用完一定會登出。如此一來，當我想再開社群網站，就必須重新輸入密碼，還要通過兩階段驗證，有時候覺得麻煩就不開了。

由於我沒有用功讀書的習慣，因此我考大學時想了很多方法讓我自己專心。例如，坐在椅子上背部緊靠牆壁，書桌也放在離牆壁很近的位置，把自己牢牢卡在位子上。當我想稍微休息一下，就必須搬動沉重書桌才能起身。我發現這一招很有效，利用現有的東西提高自己的麻煩程度，這個方法可以運用在許多方面。

- 為了避免早上賴床，故意將鬧鐘放在很遠的地方
- 不申請一般的信用卡，而使用 VISA 金融卡，只能刷存摺裡的額度，避免過度消費
- 家裡沒有電視就能避免躺著看電視，無所事事

格雷琴・魯賓《提升：如何管理我們的日常習慣》（Better Than Before: Mastering the Habits of Our Everyday Lives）中，分享了一個提高門檻的有趣方法。

- 為了避免吃太快，以非慣用手吃飯
- 小偷打開保險箱時，會發現裡面放著巧克力（我為了避免吃太多，會將堅果放在車上，而非廚房）
- 作家雨果（Victor Marie Hugo）要求僕人把他的衣服藏起來，讓他出不了門，以便專心寫作
- 有酗酒習慣的人在入住飯店時，先請櫃檯人員事先清空房間裡的迷你吧

不要相信意志力！

我能抗拒一切，除了誘惑。

——奧斯卡・王爾德（Oscar Wilde）

除了刻意提高門檻外，更重要的是千萬不能相信自己的意志力，明知自己無法戰勝誘惑，就要冷靜面對自己的弱點。希臘神話《奧德賽》可說是最極端的例子，半人半魚的海妖賽蓮（Sirens）用動人歌聲吸引人類，但聽到她唱歌的人都會死。於是奧德修斯（Odysseus）要人將他緊緊綁在船桅上，並說：「如果我求你們放開我，一定要再把我綁緊一點，絕對不能放開我。」

日本知名漫畫《小拳王》的力石徹也做了同樣的事情。力石徹在執行嚴格的減重計畫時，也拜託別人將他關在房間裡，並用鑰匙鎖上。當門真正上鎖，他又在房裡大吼：「開門！」力石徹這才知道將來的自己與現在的自己不一樣。

STEP 16 將錢花在初期投資上

我從去年開始學古典吉他，一般的入門吉他價格約在兩到三萬圓，價格昂貴的吉他甚至高達數百萬圓。雖然我也有預算考量，但我總是會選擇好一點的吉他，價格約六萬圓。

當我們開始某項才藝時，通常會先買便宜一點的工具，等學會後再買貴一點的。這個想法並沒有錯，不過，我認為投入一筆錢在興趣上，如果後來中途放棄，一想到之前付出的金錢就會感到心痛。這種情形下，那筆錢會成為放棄的罰款。此外，買好一點的用具，不管是材質與設計也會比較高級，讓人更有意願使用。

從有形的物品開始，有助於我們養成習慣。假設想養成運動習慣，添購自己喜歡的衣服和鞋子，就能順利度過剛開始最辛苦的時期；改用手工精美的掃帚，就會更願意打掃；買一把讓自己怦然心動的傘，梅雨季時會過得更快樂。千萬不要小看這些物品帶來的驚人效果。

好習慣難養成的原因

「不能沒有」的既定印象

據說日本漫畫家手塚治虫畫草稿時，偶爾會要求一些必需品。例如，沒有哈密瓜我畫不出來，或是跟編輯說我想吃下北澤的紅色豆皮烏龍麵。我相信，要在短時間內完成那麼多工作，確實需要偶爾說一些任性的話讓自己紓壓。

我剛開始登山時，曾因為沒有買齊所有用具而猶豫要不要去，買齊讓自己開心的用具，是很有效的方法。不過也別忘了，不顧一切先登山的決心也很重要。

STEP 17

向下歸類

凡事要有進展的祕訣就是開始，
而開始的祕訣是將複雜龐大的工作細分成
容易處理的小任務，接著從第一件事開始做。

——馬克・吐溫

馬克・吐溫的這段話充分解釋了「向下歸類」（chunk down）的意思。英文chunk是「塊」的意思，chunk down就是將大塊分成小塊。當你覺得某件事很麻煩，代表這件事可能有很複雜的程序。我建議各位，當你不想做某件事的時候，不妨將必要步驟全部寫下來一一檢視。我剛開始上健身房時就經歷過以下的步驟：

□買運動服
□買運動鞋
□查詢月費，選擇運動方案
□帶著身分證，製作會員證
□請健身房員工教我使用置物櫃和運動器材

唯一讓我覺得上健身房運動很麻煩，就是我在腦中想到以上這些步驟的時候。要上健身房運動，我必須買運動服和運動鞋，再說，我也不知道要選哪個方案比較好。

運動器材的用法感覺也很複雜……對了，首先我必須買衣服。就這樣又回到第一個步驟，不斷煩惱同一件事。當我寫下每個步驟，並在腦中思考，會發現其實要做的事沒那麼多，即使每天只完成一件事，總有一天會做完。

如何治療恐懼？

心理學家亞伯特．班度拉（Albert Bandura）開發出一套在短時間內治癒恐懼症的方法。若要治療怕蛇恐懼症，也可運用向下歸類法。如果有人跟你說：「隔壁房間有蛇，我們一起去看看。」相信大部分的人一定會回答：「我不去！」因此，第一步先透過單面鏡觀察隔壁房間裡的蛇，就像在動物園看動物一樣，先確保自己的安全。

經過幾個步驟後，打開隔壁房間門，從門口看蛇。等到適應這種感覺後，再往前踏一小步，戴著厚厚的皮手套摸蛇。通常到了可以摸蛇的程度，那些原本怕蛇的人反而會驚呼，沒想到這條蛇這麼美，甚至將蛇放在自己的膝蓋上。

從這個例子不難發現，要一個怕蛇的人突然去摸蛇，難度相當高。但只要循序漸進，每個人都能做到意想不到的事情。

早起的向下歸類法

早起的祕訣也一樣，從被窩中出來是整個起床過程的最終結果，但在寒冷的隆冬季節，起床是最難做到的。

□首先睜開眼睛（身體還躺在床上也沒關係）
□棉被打開一半
□坐在床上
□一隻腳離開床鋪，踏在地上

如果腳踏在地上還是覺得很想睡，不妨就再躺回去睡一下。通常再躺回去睡的原因，並非已經從床上起身還躺回去，而是在第一步時沒有完全睜開雙眼。

如何成功約心儀的女性出來？

在所有向下歸類的範例中，史蒂芬・蓋斯（Stephen Guise）在《驚人習慣力：做一下就好！微不足道的小習慣創造大奇蹟／三采》（Mini Habits: Smaller Habits, Bigger Results）中分享的異性邀約法，最得我心。

「首先左腳朝對方踏出一步，接著踏出右腳，如此一來，你絕對能走到她身邊。對方一定會問你『你的走路方式怎麼這麼奇怪？』，你就能藉此展開話題。」

STEP 18

設定微不足道的小目標

通常熱門遊戲在設定遊戲難度時，一定會兼顧難易度，維持巧妙的平衡，這樣才能讓玩家們沉迷、上癮。剛開始難度較低，隨著玩家不斷晉級，難度愈來愈高，而且每次的晉級時間不會太長，讓玩家在適當的時間獲得成長的獎勵。

我曾經打電動打到一半突然不想玩了，當時我正在打大魔王，對方不斷使出不合理的攻擊招數，我怎麼攻擊都輸。基本上當你想要戒掉某項習慣，不是獲得獎勵和滿足的時候，而是用盡全力還是無法滿足的時候。這麼想來，習慣其實也是種惡質遊戲，因為習慣就像是第一關就遇到大魔王的超高難度遊戲，因此，我們必須自行降低難度。

三分鐘熱度最大的原因就是無法降低難度，當我們許了好幾個新年新希望，假期過後一定會充滿幹勁，努力不懈地去做。過了幾天，感覺自己好像脫胎換骨，但是隨著時間過去，卻發現自己懶得再朝目標努力。

以為很簡單，做起來很困難

假設你的新年目標是伏地挺身三十下和慢跑三公里，目標本身沒有問題，持續三天或許也沒問題。但隨著熱度削減，失敗的原因在於行動之前完全只靠想像，做了之後才發現沒那麼簡單。

每次運動前都會想到，上一次伏地挺身做到第二十八下時，肌肉開始僵硬的痛苦，和慢跑進入後半段，氣喘吁吁的模樣。只運動幾天是無法改變身體狀態，在看不到成果的狀況下就開始不想運動，於是隨意編造藉口休息，新年目標就這樣再度失敗。這就是以為很簡單，做起來很困難所導致的結果。

順便多做一下

凡事起頭難，唯有開始做，大腦才會產生幹勁，打掃與整理也是同樣的道理。開始前不知道要不要做，一旦開始之後反而停不下來，做得比計畫更多。各位是否也曾有過相同經驗？僧侶永井宗直曾說：「當你擰乾抹布，就會想要擦拭更多地方。」

史蒂芬・蓋斯的《驚人習慣力》中，建議讀者設定微不足道的小目標。即使已經設定基準目標（伏地挺身三十下），也請忘記這個目標，先從「一下」伏地挺身開始做，這麼一來，實際去做後就不會感到困難。而且當你習慣之後，就會覺得好像可以再多做十下。

好習慣難養成的原因

失敗產生的自我否定感

設定小目標還有其他好處。在養成習慣的過程中，最重要的是不能產生自我否定感，因為這類的負面情緒會使人喪失意志力，連帶影響下一個行為。若將目標設定為「做一下伏地挺身」，即使遇到工作繁忙，真的只能做一下的日子，也不會否定自己，因為你已經達到目標了。

當我猶豫該不該去運動時，我會把去健身房與開始運動當成目標，我告訴自己，如果我踏進健身房或穿上慢跑鞋，還是無法提起勁運動那就回家吧。這本書的繪者山口勢子也跟我分享了她朋友的例子。她的朋友說：「星期一總是讓人很憂鬱，我每次都想請假。遇到這種時候，我就將今天的目標設定為『到公司，坐在椅子上』，既然坐了自然就會開始工作。」

踏出第一步，永遠最重要

日本女演員小林涼子為了學習外語，已經用外文寫日記超過五年了。當然，她也碰過不想寫日記的日子，這種時候，她會先在日記寫「今天不想寫日記」。寫了第一句之後，自然就會出現第二句：「因為昨天的工作實在好忙……」不想寫日記的理由也能成為日記內容，這也是勞動興奮的技巧之一。

STEP 19

從今天開始

「明天再做的是笨蛋！」

——《求婚大作戰》

人開始想培養某個習慣時，總是想找個適當的時機再開始。以新年目標為例，為什麼不能從十二月二十七日就開始呢？不對，應該從腦中開始想要設立新目標的當下就付諸行動，這才是真正有效率的做法。

好習慣難養成的原因

想找個適當的時機開始

例如，有些上班族在公司浪費掉早上的時間後，都會想下午再好好努力好了，或是明天再開始。人總有一種反正事已至此，乾脆擺爛到最後，再找個適當的時機重新開始的逃避想法。季節也常被我們用來當作是延遲行動的藉口，因為冬天很冷，實在沒辦法出門，等天氣暖和再說吧。

不過，等到春天的腳步近了，又受到花粉症影響無法出門。接著到了五月病[3]的時期，梅雨開始下個不停。夏天太熱、秋天多愁善感，這些都是讓人裹足不前的藉口。人會想選擇適當的時機再開始是有原因的，當你想著明天才開始、下週才開始，就會在這段空窗期大肆放縱，尤其是「明天再開始」最可怕。

大家總是想著明天再開始、晚一點再做、總有一天一定做。今天是昨天的「明天」、上週的「晚一點」、也是上個月的「總有一天」，所以今天就開始吧！從現在就開始微小的目標開始吧。

STEP 20

每天做，最簡單

去？不去？答案已昭然若揭。答案是「去」，還是「去」。

——《全能格鬥士》

當你想要戒掉某項習慣，完全不做最簡單；當你想養成某項習慣，每天做最容易。通常會覺得每週跑一次比每天跑容易，從付出的勞力來看，難度確實較低，也有人認為不要每天做，每週做兩到三次或兩天做一次，更容易持續下去。正因為有這樣的刻板印象，當人開始養成新習慣，會選擇慢慢提高頻率的方法。事實上，這個做法的難度反而更高、容易落入陷阱。這究竟是怎麼一回事？

③五月病：又稱為季節性懶惰症候群，指的是在五月特別容易提不起勁的一種狀況。

假設你想培養每週跑步兩次的習慣，此時你會有以下的想法。「今天是跑步的日子嗎？上次跑是什麼時候？」、「今天應該要跑步，可是我不想跑，乾脆下禮拜跑三天平衡過來。」每天都會產生不同的想法，這時你就會召喚意識做出選擇與決定。

每天做，就不用猶豫

只要決定每天做，就不必煩惱今天要不要做，也不用做決定。持續每天做，不僅不會不想做，反而會變成一種自然而然的習慣。每天做，降低的是習慣的難度，而非頻率，直到達成能夠自發性完成的程度後，再適度減少頻率即可。

或許，有些人的身體狀況無法說跑就跑，遇到這種情形，不妨從每天走路五百公尺開始。此外，目標不必太大，也可以把穿上跑鞋當成目標即可，或是養成早一站下車，走路回家的習慣也很棒。

每天做，才能進入無意識

我一直學不會如何換吉他弦，但我覺得把弦固定在吉他上的難度，跟綁鞋帶差不多。我能做到無意識地綁鞋帶，卻必須參考範本才會綁吉他弦，若說兩者間的差異，就是頻率。我每天都要綁鞋帶，但吉他弦幾個月才換一次，所以我記不住。儘管平常沒機會打領帶，但我到現在還記得怎麼打領帶，我想這是因為我在找工作的時候每天打，才會在無意識中學會的。

好習慣難養成的原因

以為明天就做得到

人難免會累或遇到無法預測的事情，想要偷懶，明天再做。因為人總有明天的自己與今天的自己不同的錯覺，會認為明天的自己就像超人一樣充滿能量、散發光彩。最顯著的例子就是信用卡的付款機制，我們認為將來的自己比今天的自己更厲害，所以要用今天買的東西，讓將來的自己更上一層樓，還告訴自己先享受、後付款更省。

我可以分享一個有趣的故事。麥當勞推出全新的沙拉菜單，卻成功拉抬了大麥克漢堡的銷售量，最大的原因在於，許多消費者認為「今天吃了大麥克，之後要理性地選擇沙拉才會更健康」。只要菜單上有沙拉這個選項，就會讓人覺得安心。

人無論失敗多少次，還是會認為明天的自己不一樣，這才是最大的問題所在。千萬別忘了！明天的你和今天的你，做的是同一件事。

如果今天可以不斷重複，我想過什麼樣的一天？

賈伯斯三十三年來，每天早上都問自己「如果今天是我人生的最後一天，我想做什麼？」有一陣子我也學他，但很快就膩了。我自己將問題改成「如果今天可以不斷重複，我想過怎樣的一天？」明天的你不會比較厲害，還是會做出與今天的你同樣的抉擇，選擇明天再做的今天將不斷重複。

作曲家希貝兒・F・帕特里奇（Sibyl F. Partridge）創作的《Just for Today》，留

下了包括「Just for today I will be happy」在內的十大箴言。明天再做的反義詞是「為了今天」（Just for today），就算明天不做也無所謂，至少今天一定要做，等明天來臨，再想同一件事。

STEP 21 不輕易創造特例

即使已經養成每天的習慣，還是會有很多突發狀況。例如，家人生病，參加婚喪喜慶等，聖誕節與過年也容易讓人拋開習慣，盡情享受歡樂的氣氛。重點在於不輕易創造特例，而是事前決定好什麼時候要破例。

好習慣難養成的原因 每天都想犒賞自己

如果想要犒賞自己，不要突兀地選擇今天，反而是設定明天再做，要不然就會陷入明天也和今天一樣。事先決定好特例，才不會因為沒有遵守習慣，而產生自我否定感。當一個人面臨誘惑，他會想「以後如果遇到這種情形，都當成特例吧！」、「今天是特別的日子，破例一次應該沒關係」長久下去，之前辛苦建立的好習慣很快就會瓦解。

從特例找日常

我很喜歡旅行，但自從專注在習慣養成後，已經很久沒遠行了。在習慣尚未定型前外出旅行，身處在與平時不同的環境中，很可能打破我們的習慣。無論是旅行或返鄉，都是生活中的特殊日子，不同的是沒有健身房、沒有瑜珈墊、沒有圖書館。不過，也有相同條件，例如，旅行時也能在自己想要的時間起床。

當生活節奏被打亂，要回歸原有的生活就變得很麻煩，因此即使在旅行中我還是會早起。此外，出門一定會帶筆電，可以更新日記；即使沒有瑜珈墊，我也會在棉被上做拜日式。

英國歷史學家愛德華・吉朋（Edward Gibbon）在當兵期間也沒有中斷自己的研究，行軍時他帶著賀拉斯（Quintus Horatius Flaccus）的書，在帳棚裡調查與宗教有關的學說。這就是偉人值得我們學習的地方。

例外，是生活的特別調味

當每天的習慣變成理所當然，體會到的成就感就會愈來愈淡，這時，偶爾為之的例外，就會有新的刺激。例如，有一次我去了一個五天四夜的國內旅行，雖然是小旅行，但我回來後花了一番工夫，才重新回到日常習慣。當時的我，連工作、上健身房都讓我覺得很厭煩，可是當我成功找回原有的習慣後，又重新感受到睽違已久的成就感和安心感。日常中的例外，會為習慣化後的僵化事物帶來新鮮感，就像是種特別的調味料。

STEP

22

因為不純熟，所以才有趣

你可能會想十年後，至少十年後可以回頭重新來過。
現在就能改變未來，十年後、二十年後、五十年後
都能回溯至現在這一刻。

——作者不詳

曾有人問九十歲的老奶奶，人生中有沒有讓妳後悔的事？答案是：「我六十歲時曾經想學小提琴，但當時覺得來不及了，所以沒學。」如果當時就學，老奶奶已經拉了三十年的小提琴，正因如此，她才會後悔。

好習慣難養成的原因

覺得現在開始太晚了

我三十七歲時開始學吉他，也曾想過我為什麼沒在十五歲的時候學，跑馬拉松也是在三十七歲的時候，假設二十歲是最好的跑步黃金時期，我三十七歲才跑就絕對比不過別人。不過，能滿足我的並不是吉他彈得多好、馬拉松跑得有多快，我的成就感來自其他地方。

新手做起來很簡單的事，與外行人做起來很難的事，當事者感受到的成就感是相同的。快樂不是從結果而來，所以不要退縮，做就對了。現在，就是最好且最早的時機，接下來我打算學鋼琴，相信只要彈三十年，我也能彈出成調的樂曲。

當初我想學瑜珈卻遲遲沒學的藉口就是身體僵硬，不過，身體僵硬的人做起瑜珈才有樂趣。這是為什麼呢？因為瑜珈是身體與心靈的結合，姿勢正不正確不是真正的目的。也許身體原本就很柔軟的舞者，做起瑜珈來，獲得的成就感不會比我多。

身體僵硬的人會專注在感受自己的身體、注意身體發出的聲音，察覺身體的變化是最開心的事。身體愈僵硬，做起瑜珈愈快樂，這種心情就像我很羨慕現在才看《灌籃高手》的人一樣。

STEP 23

將慣性行為當成提示

想要養成新習慣，最有效的方法就是將既有的習慣當成「提示」。我有一位朋友，每天會趁吹頭髮時深蹲。想要丟東西時，我建議各位可以在刷牙時丟東西。刷牙只要一隻手，而且只要三分鐘就夠，一邊刷牙一邊在房裡走動，找出想丟的東西。

好習慣難養成的原因　沒有提示

完成整理後，如果看到一點髒亂，有時會讓人感到焦躁，但不至於讓人崩潰；會說一口流利的英文是一個長處，但並不是在社會生存的必要條件。這類可有可無的事情很難養成習慣，我們需要的是一個足夠讓我們付諸行動的強大提示。

我會把學英文安排在工作前的時段，該學英文的時間到了我卻還沒開始，我會產生罪惡感。為了避免讓自己產生負面情緒，我會準時上課。用米糠醃醬菜時必須每天翻攪，但在養成習慣之前很容易忘記，所以我用「看見蛋」作為翻攪米糠的提示。

我每天早餐都會吃蛋，因此只要早上看到蛋，我就會想起要翻攪米糠。就像寫電腦程式一樣，「看到○○就做○○」寫入腦中。養成翻攪米糠的習慣後，我就把提示改為「每天吃米糠醬菜」。

串起習慣的連鎖反應

我每天早上起床會看到昨晚睡前鋪在地上的瑜珈墊，這就是我做瑜珈的提示↓做完瑜珈後就坐在墊子上冥想↓將瑜珈墊收進床底時，會看見地板↓腦中出現地板的畫面↓拿起吸塵器吸地↓打掃完畢後，看著一塵不染的家，然後去淋浴。結束慣性行為後的動作是展開下一個習慣的提示，將習慣像鎖鏈一樣串起來，這個過程稱為「連鎖反應」。

提前準備，輕鬆又順手

前一天晚上準備好早上起床要做的第一件事，如果是冬天，為了準時起床，我會設定暖氣時間，時間一到就會自動打開。上完健身房後肚子會很餓，身體也很累，出門前就先做好蛋白質飲品，一回家就能立刻喝。為了讓習慣養成更輕鬆，這些順手做一下的行為，就像是鼓勵著我的訊息，像是告訴自己今天也要維持好習慣。

STEP 24

按表操課，一切免煩惱

明確的計畫就能擺脫選擇的痛苦。

——索爾・貝婁（Saul Bellow）

時間是最具代表性的「提示」，就像睡前會設定鬧鐘一樣，鬧鐘的聲音就是「起床」的提示。學校按照課表授課，鈴聲一響就開始上課，這樣的概念也適用成年人。我不只起床會設鬧鐘，也會設鬧鐘提醒自己該睡覺了，賴床的最大原因是睡眠不足，許多人睡前受到興奮情緒影響，就寢時間愈來愈晚，因此需要鬧鐘推一把。

我的一天就像學生一樣按表操課，早上九點半去圖書館，十一點半吃午餐，晚上九點半鬧鐘響起，提醒我該睡了。第二天早上五點鬧鐘再次響起，叫我起床。

行動心理學的創始者史金納（Burrhus Frederic Skinner）過著實驗般嚴格且規律的生活。鬧鐘一響就開始寫文章，一直到寫完為止，他用手錶計算自己坐在書桌前多少時間，每十二個小時在圖表中記錄自己寫的字數，藉此精準掌握每個時段的生產性。據說這是因為有一天他發現自己都會在半夜醒來，於是刻意使用鬧鐘控制，把多的時間運用在寫作上。

按表操課真的很可笑嗎？

我單身，一個人住，熱愛自由，所以以前的我一直覺得將時間劃分成幾個時段，按表操課的行為很好笑。只有小學生才會在放暑假前做時間規劃，而且我從來沒有按照自己的規劃做過事。要是突然想做其他事情時該怎麼辦？我才不希望自己的自由被規劃好的時間限制，這是我以前的想法。

然而，要是我沒規定自己幾點起床，每天早上我都要躺在床上思考，現在到底要不要起床？還是繼續睡？如果我沒規定自己何時就寢，每天晚上我都會沉迷在連續劇和漫畫裡，告訴自己再看一集。我根本不管第二天早上會後悔，只想享受眼前的獎勵，這就是雙曲折現的心理現象。

規定上網時間

每天早上我都會上網看新聞和瀏覽社群網站，但時間一到我就下線。網路和大腦過於契合，很容易沉迷。我的朋友經常在推特上發表「原本要上網查我不懂的英文單字，沒想到卻看了十分鐘火山爆發的影片」、「我在找設計簡單的燈具，沒想到卻一直打開『露營求生的影片』」等推文。

大腦容易受到刺激，會不斷對新事物感興趣，思緒毫無脈絡地跳來跳去。從英文單字跳到火山爆發，從燈具跳到野外生存活動。網路可以滿足所有人的好奇和喜好，因此若不事先規定上網時間，一定會欲罷不能。

作家和藝術家的工作型態都很規律

《創作者的日常生活》中提到，大多數的創作天才都過著規律生活，幾乎所有人都是晨型人，每天都很早起，利用上午的時間從事創作。熟悉法國畫家法蘭西斯・培根（Francis Bacon）的讀者，可能看過他那被顏料和畫材堆到毫無空隙的工作室，只看他的工作室和畫風，可能會以為他的性格豪放不羈吧。事實上，他的工作時間固定，黎明起床後工作到中午，就算其他時間過得自由奔放，每天的工作時間一定會確保下來。

我成為自由工作者後，反而因為太自由而痛苦，我想人都是需要透過時間限制來控制自由。天才不是隨心所欲，而是自律地在固定時間工作，並堅持下去的人。

期限的效果

期限，其實也是一種課表。我在當編輯的時候，一直被截稿日追著跑，實在覺得很厭煩，所以最初在寫這本書時，我並沒設定截稿日。打算寫完書稿後再決定何時出版，不過，現在看來真是一場天真的夢。

我一直認為設定期限沒有好處，但現在我的想法不同了。事實上，期限是天使或惡魔，全看當事者如何運用，期限就像是在必要時，提醒我謹慎小心的主管。就像人的生命也有期限，正因為有期限，更不能無所事事，虛度日子。

時間規畫是種自我極限測試

做好時間規劃還有許多好處，最重要的是精準掌握自己每天可完成的工作量。某項研究結果顯示，人在做事時，達成目標所耗費的時間會比原本的預估多1.5倍。人習慣性地會樂觀評估自己的能力，原以為只要花十天就能完成的工作，做了之後才發現要兩週，這是另一種超人幻想，所謂現實是殘酷的，就是這個意思。

我在當編輯的時候，每天都很忙，週末到公司加班，原以為沒人打擾的狀況下工作進度可以大幅提前，但最後完成的工作量比想像中來得少。就像明天休假，我準備了很多書；旅行時為了怕沒書看，於是在行李箱塞了一堆書，到最後卻一本也沒看完。買了一堆沒看的書，就是對閱讀量和興趣維持的時間過度樂觀的結果。

知道自己做不到的事情

若做好時間規劃，確實按表操課，可以精準掌握自己做多少事會有多累，需要花時間休息才能恢復體力，還能知道維持什麼程度的習慣可以獲得成就感。當總量瀕臨極限時，若要增加其他興趣或習慣，就必須延後。

我喜歡從事各種興趣，但我的時間已被填滿，無法再增加。曾經有一段時間我想在小貨車的車台上，做一間行動小屋，但我很清楚自己做不來。以前我會對於自己的能力不足感到自責，但現在我依照時間表做事，所以我很清楚時間就是不夠用，有其他事更重要。

按表操課可將「自己的能量」與「每天工作量」化為具體數據，不用擔心會出現落差過大的狀況。就像購物前先確認自己銀行有多少錢，才能避免過度消費，了解自己的極限很重要。如果是忙碌的學生或社會人士，週末也可以規劃時間表，重溫一下學生時期，其實別有一番樂趣。

規定煩惱的時間

規劃時間還有一個最大的好處，若不規劃每天的各個時段要做什麼，很有可能處於煩惱或不安的狀態。按照時間表做事，可以自行決定各時段要做的事，根本不用花時間煩惱要做什麼。思考、煩惱都不是專注做事時會出現的行為，而是在空閒時才會出現的反應。適當的煩惱是必要的，但如果浪費時間煩惱同一件事，就會陷入負面情緒中。

每個人都會遇到因為各種原因，無法維持習慣的情形，此時不要想因為〇〇而必須放棄日常習慣，而是改用優先完成〇〇的正面思考去面對。告訴自己不是因為有工作進來而跳過日常習慣，是自己想要優先完成工作，才把習慣放一邊。對某些人來說，比起運動、閱讀，照顧小孩才是第一要務，如果抱持「因為〇〇而必須放棄日常習慣」的想法，很可能讓情緒更低落。

STEP 25

所有人都欠缺專注力

我在寫這本書時，曾經計算過自己可以維持多久的專注力。每當我失去專注力，雙手離開筆電鍵盤時，就會開始計算經過了多少時間，計算後平均是二十分鐘，我一直以為是我的專注力不足，但事實並非如此。

TED 的演講長度都設定在十八分鐘，這是因為無論講者說的多有趣，人能夠專注聆聽的時間最長就是十八分鐘。現在有一種提升專注力的方法稱為番茄工作法（Pomodoro Technique），時間長度與一場 TED 演講相去不遠。

方法很簡單，利用定時器設定二十五分鐘的工作時間，在這段時間內專注做事，時間一到就休息五分鐘。重複四次後，每兩小時間隔一次長休息。人在冥想時就算盡可能避免思考，意識還是會飄走，大腦自動運轉，這就是人類生天的特質。

想要解決專注力的問題，按照時間表完成工作是很有效的方法。《為什麼我們這樣生活，那樣工作？》的作者查爾斯・杜希格每天花八到十小時坐在書桌前工作，他說：「工作與快不快樂無關，長時坐在書桌前自然就會工作。」快不快樂與工不工作無關，而是確保坐在書桌前多久時間，長時間坐在書桌前一定會遇到失去專注力，但最後還是會回到工作上。

我不會魯莽地嘗試去提高自己的專注力，因為效果因人而異，無法一概而論。不如以「人天生就是欠缺專注力」為前提去規劃時間，是比較實際且有利的做法。

推理小說家雷蒙・索恩頓・錢德勒（Raymond Thornton Chandler）也說過：「就算不寫小說，我也會坐在書桌前。」他會一直坐在書桌前，即使不寫小說也不會做其他事情。專注力斷斷續續，但只要坐完一天的工作時間，就算只有細碎的段落，也能留下一些工作成果。

STEP 26 照日期做事

依照日期做事是依時間行動的應用版之一，我將每月一號設定為「雜務日」。我家的東西很少，一個月只要整理一次就夠，因此每個月的第一天我會中度掃除（不是大掃除）一次，其他雜務包括整理收據、電腦書籤、掃描文件等。

我不會每天處理雜務，但有些瑣事放了一段時間後還是會讓人覺得麻煩，不想處理，這類瑣事我會一次處理完畢。每件事分開來做就覺得很無趣，但一次做完反而有成就感，完全沒有日常小事帶來的焦躁情緒，還能幫助我維持日常習慣，從這一點來看，充滿意義。

你永遠都不會「有空」

有些不做也沒關係，不會嚴重影響生活的事情，尤其是整理家裡，一般人都會以找一天來做，或是等忙完這陣子再做。我活了三十八年，從來沒有一天想到「對了，我現在有空！上次我說的那些事，正好現在來處理」處理瑣事的最好時機永遠不會來臨。如果你有非處理不可的事情，請先決定好何時處理，這一點很重要。禪宗的修行僧每天都有既定的事要做，各位不妨參考看看：

- 每個月有四和九的日子要剃髮和仔細打掃
- 每個月有一、三、六和八的日子要出門化緣

事先決定哪天該做什麼事，就無需掛心「頭髮好像變長了，明天還是下週去剪頭髮」這類瑣事，時間一到自然就去做。方法很簡單，只要在行事曆寫下開始上健身房的日子，或哪一天要做什麼事即可。其實我在寫這一段的時候，已經在行事曆上寫了看牙醫的行程。

除了每個月幾號做什麼事之外，以一週為行動基準也是不錯的做法。我朋友就將所有討厭的工作、不想做的工作，全部留在週五完成。週一看到這類討厭的工作會讓人失去動力，因此在休假前，利用週五會有的興奮情緒去處理麻煩的事。

重視與自己做的約定

最重要的是一定要優先遵守與自己的約定，因此只要將待辦事項寫進行事曆裡，若用手機應用程式記錄，可以輕鬆複製每個月都要做的例行公事。我認為最重要的約定是和好友的約會，只要不是特殊狀況，無論別人提出多誘人的邀約，都要再三思考是否值得推掉與好友的約會。在與朋友見面時，內心通常充滿期待，難得能有不同一般日常的良性刺激，怎麼可以錯過呢。

STEP 27

設定假性犒賞

即使不是對《妥拉》（猶太教的聖經）感興趣，人也應該要辛勤鑽研。因為在你學習的過程中，最後你會為了想了解《妥拉》而深入研究。

——邁蒙尼德（Maimonides）

無論運動或減肥，因為不會立刻見效，因此有時候會因為感受不到獎勵而覺得痛苦，這時就需要設定假性犒賞。我以前曾因為搬家而換健身房，新的健身房二十四小時營業，照理說我應該更常去運動才對，事實上，我去的頻率比以前還少。

我一直在思考為什麼我不去？是什麼理由讓我不想去？後來我想到，新的健身房只有淋浴間，以前的健身房有一座很大的露天浴場。我每次運動完就會去泡澡，我無意識地把在大浴場泡澡當成運動後的獎勵。

假性犒賞的範例

因為每個月一號看電影比較便宜，因此我會在「雜務日」（詳STEP 26）結束後，去看電影犒賞自己。作家角田光代在四十三歲時挑戰全程馬拉松，後來更嘗試各種運動。她在〈到了中年才熱衷運動的原因〉中，提到獎勵的重要性，「聚會、高熱量大餐、護膚美容與按摩。當我承受痛苦時，我都會告訴自己，『痛苦結束後就有獎勵等著我』，獎勵真的十分重要。」

● 運動後立刻來一罐冰啤酒

● 早起的獎勵就是早餐的美味麵包

千萬不要小看這些假性犒賞的效果。就像邁蒙尼德所說，人在追求犒賞的過程中會慢慢養成習慣，並從習慣中獲得獎勵。只要養成習慣，即使沒有犒賞，還是能維持習慣。

給予相反的犒賞

好習慣難養成的原因

完成目標並看到成果的人，愈容易鬆懈，因此各位絕對不能小看犒賞（獎勵）的力量。某個實驗小組讓減肥者在蘋果和巧克力棒之間做選擇，結果發現，減肥成效較好的人，有八成五的比例選擇巧克力棒，而非蘋果；反之，在未測量體重的狀況下，只有五成八的人選擇巧克力棒。

說來諷刺，我只要早上量體重發現變輕，當天吃飯就比較隨興。人通常在減肥成功後，會給自己與減肥相反的犒賞，所以達成目標時，最好給自己完全不同類型的獎勵。我之前以戒酒為目標時，只要我在超市忍住不買酒，我就會買哈根達斯（Häagen-Dazs）冰淇淋。人家都說苦藥必須裹上一層糖衣，同樣的，期許自己養成的習慣一定要跟獎勵綁在一起。

假性犒賞在初期十分有效，但最終還是要從習慣中獲得獎勵才能堅持下去，請把假性犒賞當成過渡時期的橋梁就好。

STEP
28

善用他人眼光

You make me wanna be a better man.
（妳讓我想要成為一個更好的人。）

——《愛在心裡口難開》

不要在乎他人眼光，去做自己想做的事。不過，若將習慣當成一項課題思考，你要做的不是在乎，而是「善用」他人眼光，這是習慣養成的步驟中，最有效的方法。比起未來的獎勵，人會在意的是眼前的報酬，這是人類的本能，只要善用他人眼光就能戰勝本能。

在意異性的眼光

我有位女性朋友，因為她的髮型師是個大帥哥，所以她很注重護髮；日本知名入口網站前總經理堀江貴文上健身房時，會刻意選擇女性教練。無論是護髮或肌力訓練，都不能在短時間看到成果，有時會因為看不見獎勵，無法持續下去。

即使是平時沒有特別在意的異性，也不能疏於護髮或肌力訓練，要不然會讓異性失望，而且這類行為只要努力就能獲得讚賞。根據眼前的懲罰和獎勵採取行動，是最有效的方法。人可從許多事物中獲得獎勵，與他人交流與得到他人評價是最大的獎勵之一。到底，人為什麼如此在乎他人眼光呢？

我們為什麼如此在乎別人對我們的評價？

與異性之間的關係與相處，是關乎生存競爭的重要大事。人長期在數十人的人際圈中度過，難免會在意自己在團體的地位和評價。此外，人無法獨自生存，若受到小團體排擠，很可能危及性命。

人之所以會在意「按讚數」，或是被別人的批評傷得體無完膚都是這個原因。在網路上被批評，代表壞話會在自己所屬的小團體裡散播，很可能降低自己的地位。正因如此，即使是極度理智的人，遇到莫名的黑函攻擊，也會立刻跳出來激烈反擊。愛聽八卦也是因為八卦等於惡評，有著「將高高在上的人拉下馬」的甜美滋味。

人際關係比生命安危更重要

人即使面臨生死關頭，仍希望回應人際圈對他的期待。一九六四年，美國各地大學生報名參加推廣非裔美國人投票登記的「自由之夏」（Mississippi Summer Project）活動。由於參與活動很可能遭受激進派白人殺害（實際上已有三名義工被殺），因此入選的一千名學生中，有三百名退出。

社會學家麥克亞當（Doug McAdam）追蹤調查了退出的學生，與明知危險仍要參與的學生，想找出兩者之間的差異。首先，兩者的參加動機並無太大差異，而且與工作忙碌、未婚已婚等個人狀況也毫無關係。差別在於每個人不同的「人際圈」，確定參與的學生身邊，所有的親友都希望他們到密西西比州發揮正義。

麥克亞當認為，當一個人如果在政治圈和宗教圈有好友，不做符合期待的事就會嚴重影響社會地位，失去重要親友對自己的尊敬。我相信參與的學生一定有一股追求公平正義的熱情，希望達成非裔美國人投票登記的目標。除此之外，人際圈中的他人眼光、不希望被貶低的心情，也成為他們投入高風險活動的背後推手。

好的團隊會成為你的助力

想在體育界出頭天，最重要的是加入高水準團隊。社會學家張布立斯（Daniel F. Chambliss）花了六年時間貼身採訪游泳選手的訓練過程，他主張要成為偉大的游泳選手，就要加入偉大團隊。他說：「身邊隊友早上四點就起床練習，當你處在這樣的環境，自然也會效法，轉化為理所當然的習慣。」加入高水準團隊，你會想辦法跟上團隊水準，與隊友切磋磨合。

這個道理也能套用在一般人身上，只要找與自己能力相當的團體就可以了。如果你想養成在皇居慢跑的習慣，只要找到可以一起跑的同伴，就能長久維持下去。

利用社群的好友圈

不只是現實生活的人際圈，社群的好友圈也能發揮效果。我第一次想報名全程馬拉松比賽時，曾在推特上發文宣告，當時我的推特跟隨者約有五千人，我也打算賽後在推特上發表比賽結果。

我第一次參加的馬拉松比賽在那霸舉行，當天氣溫相當高，對所有跑者都是一大考驗，最後只有半數參賽者跑完全程。我的兩隻小腿都抽筋，腳腫到快撐爆整雙鞋。

當時我心想「要是現在退出，我的五千名跟隨者都會笑我沒用」，就是這個想法幫助我跑完比賽。如果我沒告訴任何人就來比賽，我一定會半途退出。

未來日記，是我整理房間、減少物品時的重要推手。我在丟東西前，會先在社群上說「我要丟掉它」，如果最後沒丟，我會覺得自責。罪惡感成為丟東西的懲罰，讓我更容易達成目標。

我努力，只是不想讓人失望？

知名日本藝人武井壯雖然工作很忙，但每天都花一小時做肌力訓練，再花一小時搜尋研究自己不知道的事情。他的觀念是，我努力不是為了自己，而是不希望讓一百三十萬的跟隨者失望，因此每天吸收新知，鍛鍊自己。當然，我們的追蹤者不可能像他一樣多，一般人的人際圈只要以數十人的小團體或自己住的村鎮為單位，即使只有一個人，也能發揮效果。

支持者只要一人就夠

我想戒掉甜食時，曾經成立了一個斷糖同盟。我和當時也想戒甜食的朋友約定，要是自己不小心吃了甜食，一定要向對方報告。我還告訴他「如果你破戒，我一定會看不起你」雖然話說得很重，但懲罰簡單明瞭。如果是我破戒，對方也能對我做同樣的事，那段期間當我忌口覺得很痛苦時，我就會想起他的臉，更加堅定我的意志。直到現在，那位朋友都還沒破戒。

最近很流行一起讀書，規則很簡單，兩個人在限定時間裡（例如三十分鐘）一起讀同一本書，接著討論書中內容。無須面對面，透過 LINE 討論也可以。由於討論時間有限，兩個人必須深入了解這本書，整理自己的想法。比起一般的閱讀，這個做法強度較大，可以讀得更深層。

沒人看見時，人會改變自己的行為

即使是同一人做的事，有沒有人目擊？有沒有人說出去？這些因素都會深深影響一個人的行為。

- 旁邊有人看著時，我們會維持端正的儀態、彬彬有禮的態度
- 在咖啡館或圖書館等開放空間工作，效率更好，在家就會東摸西摸
- 匿名狀態下很容易說別人壞話
- 在密閉的車子裡情緒高漲，大聲唱歌

在乎別人眼光，在乎人際圈中他人對自己的評價，這是人的本能。因為在意而讓自己心緒不寧雖然很難熬，但反過來運用他人眼光，就能發揮驚人力量。

STEP 29

事先宣告

事先說出自己要做的事，也是善用他人眼光的另一種方式。花式滑冰選手羽生結弦在二〇〇八年參加日本花式滑冰錦標賽獲得第八名，他當時這麼說：「日本有奧運金牌選手荒川靜香，我要成為日本第二位奧運金牌選手。」那個時候他只有十四歲，說的話充滿孩子氣，媒體也不重視，但羽生是一名善於運用語言力量的運動員。

我在寫這本書之前也曾對外宣示，我先在部落格宣告下本書的主題是習慣，然後才開始認真寫書。由於延遲交稿會對工作夥伴造成困擾，因此設定截稿日也是有效運用人際圈力量的方式。

公開宣示後，因為不希望別人認為自己空口說白話，或被認為很懶惰，就會為了維持自己的形象就會努力工作。我相信如果當初沒有事先宣告或設定截稿日，這本書到現在一定還沒出版。

利用承諾設定罰則

《胡蘿蔔與棍子》（Carrots and Sticks）作者伊恩・艾瑞斯（Ian Ayres）就是把「事先宣告」當成商業手法的第一人。例如，假設你設立了一個減肥目標，宣示要瘦到〇〇公斤，同時也設定了罰則，如果沒成功就支付十萬圓。戒菸期間如果破戒抽菸，就要捐款給自己最討厭的政黨——這也是極為有效的罰則。伊恩・艾瑞斯提供的服務就是讓消費者在網站上公開宣示，再由第三者審查進度。

減肥與戒菸都是屬於成功很開心，但失敗也不會有任何損失（懲罰）的目標，這類目標若能搭配罰則，效果極佳。懲罰的內容與金額請務必設定嚴重一點，如果罰金太低，當事者反而會想「只要付一萬圓而已就算了吧」。因廣告聲名大噪的私人健身房，就是反過來運用這種承諾機制，事先支付昂貴金額，幫助消費者達到瘦身目標。

STEP 30

從第三者的角度思考

我是無所謂，但不知 YAZAWA 會怎麼說？

——矢澤永吉

人不只有一個人格，就像大腦有本能的熱系統和理性的冷系統一樣，當其中一方活躍，另一方就會休息。此外，主宰自我行為的是意識。

像知名歌手矢澤永吉為自己取兩個名字也是很好的做法，我自己也有本能的「DAMEO」與理性的「FUMIO」，利用另一個我監視自己。例如，當我想放棄時，我就會想「啊！好累，我不想做了。可是，不知 FUMIO 會怎麼說？」可以利用各種方式，客觀地從第三者的角度去思考。

●讓未來的我思考

日本預防醫學研究家石川善樹曾說，遇到心動的邀約時，他會問三十年後的自己，「你今晚想參加聚會嗎？還是繼續現在的研究？」只要這麼問，他就會專心埋首於研究之中。

●在乎自己的第三者

格雷琴・魯賓在考慮要不要工作時，都會問自己「我的經紀人會怎麼說？」。法國電影《那些年狂熱戀情》（Trois Souvenirs De Ma Jeunesse）中也有這麼一段台詞：「我對待自己，如同守護我的哥哥對待我一樣。」將自己想像成不過度溺愛，有時還會給予嚴格建議的哥哥，以這種方式看待自己也是不錯的方法。

●想像身邊有一台虛擬攝影機

「如果日本知名節目《情熱大陸》在拍我，剛好拍到這一刻，我會怎麼做？」、「如果下週要拍時尚雜誌《an・an》的性感特集，我今天會做什麼？」如果《情熱大陸》來拍我，我一定不敢挖鼻孔或躺在沙發上滾來滾去；假設下週要拍性感照，我現在一定會努力做重訓、練肌肉。

●我尊敬的人會怎麼做？

聽說因執導電影《熱情如火》（Some Like It Hot）聲名大噪的導演比利・懷德（Billy Wilder），在自己的書房裡貼著一張「劉別謙（Ernst Lubitsch／德國電影史上影響力最大的導演之一）會怎麼做？」的紙條。

電影導演恩斯特・劉別謙是比利・懷德的恩師，所以比利・懷德在寫不出劇本時，會從恩師的角度看待這件事。每個時代受人景仰的對象都不同，如果是日本電影導演三谷幸喜，他貼的紙條可能會是「比利・懷德會怎麼做？」。

有信仰的人通常自制力較強，即使沒人在一旁監視，他們也會認為自己的所作所為有神在看。日文有一句「お天道さまが見ている」，意思是「上天在看著你」，從第三者的角度思考，雖然不會改變事情的本質，但在遇到難熬的關鍵時刻，卻可以幫助我們堅持下去。

STEP 31

做到一半就停

當我們養成的習慣逐漸上軌道，一定會遇到自得意滿的時候。就像我們去運動，覺得自己可以一直跑下去，此時如果想測試自己的極限，用力跑到精疲力盡，會在大腦留下跑步很痛苦的印象，影響下次跑步的結果。

習慣最重要的是持續下去，遇到想多做一點的時候，一定要馬上停下來。中途喊停，做到八成就不做，這樣可以讓我們結束在最開心的時候。我在學英文和吉他時，也不會練到讓自己痛苦的程度，這樣第二天我才會想繼續學英文、練吉他。所以當你開始察覺好像沒那麼有趣時，請立刻停下來。

肌力訓練到極限時，會讓肌肉受傷，頂尖運動員會走出舒適圈（感到舒適的範圍），辛苦練習。但一般人必須先養成習慣，維持一段時間後，才考慮走出舒適圈。像作家這類需要長時間才能做出成果的工作，做到一半就停才是有效的技巧。

停下來，為明天保留動力

海明威經常寫到一半就停。他在接受雜誌專訪時，這樣描述自己的工作方式：「我會先讀一遍之前寫過的內容，加上我每次都會在看出接下來劇情走向時停筆，所以我會從上次停筆的地方寫下去。接著，我會在自己還有力氣，而且知道接下來要怎麼寫的時候停筆。」

海明威深知凡事起頭難的道理，因此如果從已經知道怎麼寫的地方開始，就無須煩惱，可以立刻動筆。動筆後，大腦就會開始專注，這個技巧也適用在商業領域。一般人喜歡將工作做到一個段落再回家，如此一來，明天就要從一片空白的地方重新開始。以寫企劃書為例，不要將企劃書寫完，寫到一半就先停手，才能讓明天的工作更加順利。

每天的堅持才能走得更遠

村上春樹也貫徹「中途喊停」的做法，他每次寫完十張稿紙，總計四千字就會停筆。他在某篇雜誌專訪中提到：「當我已經寫了八張，寫到文思枯竭，我還是會想辦法寫到十張稿紙。即使我覺得我還能繼續寫，但寫到十張我一定會停筆，我要為明天保留繼續寫下去的動力。」就算寫了六張，已經寫完高潮迭起的章節，他還是會繼續寫下一章，寫滿四張稿紙。關鍵是以數量為基準，即使形式上已經告一段落，他也不會停筆。

英國作家安東尼・特洛勒普（Anthony Trollope）曾說：「每天完成日常瑣事，堅持下去的行為，勝過海克力士的冒險故事。」一天完成一件大事的感覺確實很棒，但與其追求偶一為之的大冒險，重視每天的堅持才能走得更遠。

STEP 32

絕不停下來的反向思考

一次失足就像是小心翼翼捲好的毛線球掉在地上一樣，
捲好的毛線球一旦鬆開，
你必須花更多時間才能繞起來。

——威廉・詹姆士

美國職棒大聯盟一到休季期間，球員們就會回家鄉與家人相聚。但鈴木一朗一定會到球場練球，「我曾經試著休息一次，我想知道休息是否對自己有幫助，因此我整整一個月沒運動。結果發現，我的身體不再是自己的身體，就像生病一樣。」因為徹底休息這個方法沒用，所以最後還是選擇了維持練習的做法，這則小故事看出，什麼才是求道者的真正樣貌，「絕不停下來」是鈴木一朗奉為圭臬的準則。美國作家約翰・厄普代克（John Updike）不會坐等靈感降臨，他每天固定寫作，原因很簡單，因為「不寫太輕鬆了，一旦習慣安逸就再也寫不出來了。」

持續轉動才是最難

獵人千松信曾經分享，日本允許打獵的期間只有冬天的短短幾個月，因此如果暌違一年後，在新的狩獵季遇到野豬，一定會驚覺「原來野豬這麼恐怖」！

對我來說，寫書也是一樣。在寫這本書之前，我已經兩年沒寫書了，開始寫之後才發現好難。現在才知道讓車輪停下來靜止不動，遠比讓車輪持續轉動輕鬆許多。

習慣之神安東尼・特洛勒普的工作術

安東尼・特洛勒普他是我心目中的習慣之神，他白天是一名郵局員工，英國的紅色郵筒就是由他提議的。他每天要求自己在出門上班前寫作兩個半小時，他有正職工作，卻創作出四十七篇小說與十六本著作，可說是文學界的多產作家。

他每寫完一篇作品就會立刻著手寫下一篇作品，這就是他多產的原因。有一次他寫完了長達六百頁的長篇大作，一般作家遇到這種情形一定會出門慶祝，或放自己一段長假。但他寫完那篇作品時，離表定的寫作時間兩個半小時還有十五分鐘，於是他在剛完成的作品寫上「完」後，馬上開始寫下一篇作品。

聽說鋼琴家和吉他手如果一天沒碰樂器，感覺就會變遲鈍；有一些人如果一天沒練習，前三天的練習成果就會煙消雲散。由此可見，一天沒練習不只無法變熟練，就連之前學會的技巧也會忘記。

以我來說，光是三、四天沒運動，就要花許多力氣才能找回往日的感覺。跑步時不但氣喘吁吁，體重也變重了。習慣荒廢愈久，重新恢復就會愈辛苦。因此，我會盡可能空出時間養成習慣，待習慣變熟練後，可以進一步強化它。

STEP 33

記錄習慣

根據一篇研究報告指出，體重超重的人如果養成每天早上量體重的習慣，比較容易減重。因為一想到第二天早上要量體重，一般人通常會注意自己的飲食內容。如果發現第二天變重了，就會感到十分後悔，這種負面情緒就是最大的懲罰。為了避免懲罰，人較容易抗拒眼前的美食誘惑，在養成習慣的期間，請務必善用記錄的力量。

利用手機應用程式記錄習慣

我會利用「Way of Life」記錄每天的習慣，將習慣分成早起、瑜珈、運動或寫書稿等項目，當天如果完成的就用綠色標記、未完成的用紅色標記。還有許多相同類型的應用程式，「Momentum」就是有名的例子。

連續達成目標時，不僅會發出音效，還會顯示達成數字，提升成就感。我在養成每天寫部落格的習慣時，最高紀錄是連續寫五十二天。持續一段時間後，會想著不能中斷，所以才能持續這麼久。

美國喜劇演員傑里・賽恩菲爾德（Jerry Seinfeld）遇到能想出笑話哏的日子，就會在日曆上畫一個「×」。當日曆上連續畫「×」，就會變成鎖鏈一樣的連續圖案，他說：「每次看到日曆上的鎖鏈圖案，就會愈看愈開心，下一個目標就是不要讓鎖鏈中斷。」荒廢習慣會使鎖鏈中斷，「鎖鏈中斷」不只變成一種懲罰，也成為維持習慣的誘因。

人的記憶不可靠

人的記憶會為了迎合當事者而改寫事實，所以一定要確實記錄下來。我常用的健身房機器，會自動記錄我舉了幾下槓鈴。好幾次我認為自己舉了十下，看機器才發現只舉了八下。這件事讓我驚覺，人會為了逃避痛苦而美化數字。養成習慣後如果沒記錄，反而會留下我做得真棒的美好印象，容易對自己太好。

我每天製作習慣紀錄，只要做完該做的事，即使是事後記錄也會感到很開心。不過，如果沒做完每天該做的習慣，一定要提高警覺。我這幾年都有固定量體重的習慣，但如果前一天大吃大喝，第二天我知道量出來的數字一定很難看，我反而會刻意不量體重。

我耍了一個小技巧（作弊），早知道結果不好看，乾脆一開始就不要站上體重計。因此，即使體重增加，也一定要每天量體重，避免後悔的情緒與懲罰，影響到下一項習慣。

好習慣難養成的原因 這次不算數

記錄習慣時，有時候會產生「這次不算數」的狡猾念頭，理由很可能是外出旅行、身體不適或發生突發狀況等，只要有心，人絕對找得到各種藉口。前面提到的

「Way of Life」也有「跳過」的功能，也就是今天例外、不算數的意思。但如果使用過度，整篇紀錄就會充滿「跳過」的印記。因此，無論是否有做，請務必如實記錄。

完成事項清單

我曾有半年無所事事，人生陷入低潮，那段時間我在日記寫下這樣的內容。

- 回覆麻煩的電子郵件
- 調查想買的鞋子價格
- 丟垃圾、繳稅
- 學會剝鳳梨的方法

很多人會因為今天的一事無成而感到沮喪，但只要認真寫下來，就會發現自己其實做了許多事，或是著手準備其他該處理的事，完成事項清單就是能讓人避免陷入低潮情緒。

有進度，就有動力

記錄的好處在於將抽象的努力化成具體的文字，鼓勵我們向前進。美國哥倫比亞大學曾經針對集點卡做過一項調查，假設某間咖啡館推出集點活動（分為A、B兩種情形），凡來店消費就能獲得一點，累積一定點數可以免費喝咖啡。

Ⓐ店家給消費者一張空白集點卡，累積十點可換一杯咖啡

Ⓑ店家給消費者已經蓋了兩點的集點卡，累積十二點可換一杯咖啡

這兩種情況都是要消費者累積十點才能換一杯免費咖啡，但Ⓑ換到免費咖啡的

時間，平均比Ⓐ快兩週。因為Ⓑ並非從零開始，消費者感受上到離目標更近了，這種感覺讓人更願意去達成目標。

海明威每天記錄自己寫了多少字，並製作成表格；安東尼・特洛勒普要求自己十五分鐘要寫兩百五十字，而且他會詳細確認字數。我也向他們看齊，在寫這本書的時候，每天記錄自己寫了多少字。這個做法不僅讓我感受到完成當日工作的成就感，更湧現喜悅感，記錄最新進展也帶有慶祝勝利的意思。

STEP 34 充分享受必要的休息

你必須學會在行動時取得寧靜，在寧靜時充滿生機。

——甘地

維持習慣最重要的是，了解你需要多少休息時間才能恢復到最佳狀態。如果第二天無法維持最佳狀態，就會有心無力，剛開始只是稍微偏移，到後來會往完全不同的方向發展。第一個重點是，精準掌握自己需要多長的睡眠時間。我長期記錄自己不用鬧鐘，睡到自然醒的時間，發現自己需要的睡眠時間大約八小時。

「預先扣除」必要時間

村上春樹每天花一小時跑步或游泳，所以他的一天只有二十三小時。運動是他每天一定要做的事，要與其他事物分開計算，因此要預先扣除一小時。同樣的，我也會先將睡眠、吃飯、休息這些基本行為從二十四小時中「預扣」，先確保這些行為的時間，再將剩餘時間分配給其他事。通常生病的人都有以下特點：

● 睡眠時間不夠

● 吃不下美食
● 無法好好休息

這些都是維持生命的基本行為，可是他們做不到。有些人長期被血汗公司壓榨，卻能從自我犧牲的欣快感獲得獎勵，正因如此，即使他們想離開嚴酷的環境，也很難斷開公司的人際圈。如果無法確保這些基本時間，請務必仔細思考，你的工作是否值得繼續下去。

休息與工作互為一體兩位

史蒂芬・金（Stephen King）是一位多產作家，根據《史蒂芬・金談寫作》（On Writing: A Memoir of the Craft／商周出版）的內容，他固定每天中午前寫作。只要開始寫一本書，為了讓劇中人物栩栩如生，他一定會每天寫，即使是聖誕節或生日也不例外。雖然每天寫，但只限於早上，如此就不會感覺疲勞。這是他的工作祕訣，也是讓他長年以來一直站在小說界頂端的原因。

想要維持固定的工作時間，休息是絕對不可或缺的，不休息就無法持續完成工作。休息與工作不是兩件事，而是在同一個流程中合而為一的行為，如果累到第二天無法工作，代表你的工作方式完全錯誤。

睡眠期間最具創造力

畫家薩爾瓦多・達利（Salvador Dalí）描繪夢中情境、蘇格蘭小說家史蒂文森（Robert Louis Balfour Stevenson）也從夢中獲得《變身怪醫》（The Strange Case of Dr. Jekyll and Mr. Hyde）雙重人格的靈感，還有德國化學家奧古斯特・凱庫勒（August Kekulé），從夢中的畫面想到化學式。比起清醒時，人在睡眠期間的工作效率較好，睡眠時雖然沒有「意識」，但大腦依然繼續活動中，消耗的熱量也沒變。

我以前一直認為睡覺很浪費時間，只是為了恢復精神不得不睡的一種行為，所以我很羡慕睡一下就充滿精神的人。不過，各位如果做過夢就知道，睡眠期間的想像力比清醒時更難預料，也更有趣。

科學家認為，當人處於快速動眼睡眠（Rapid Eye Movement），神精細胞會開始隨機結合，這是清醒時不會發生的情形。夢就是充滿超現實主義的景象，當我們醒來時，會產生意想不到的記憶組合，湧現驚人創意。

我在寫這本書的時候也一樣，每次遭遇挫折，坐在書桌前絞盡腦汁也沒用，都是在半夜起床意識模糊的時候，突然想到解決方法。曾經有好幾次，我在睡夢中突然睜開雙眼，天外飛來靈感。

大腦在我們的睡夢中持續工作，給我們許多意想不到的創意。睡眠不只是恢復活力的必要行為，更是從事創意活動的必備條件。

睡前要無聊一點

人之所以一天比一天晚睡，是因為「捨不得結束這一天」。工作忙碌的人，到了晚上總是想做一些自己喜歡的娛樂。例如，看看連續劇、閱讀懸疑小說、玩拼圖遊戲等。這些平時找不到時間做，驚險刺激的娛樂，令人欲罷不能。

做自己喜歡的事當然開心，但如果持續到受到這些刺激，就會不斷告訴自己再玩十分鐘就好、玩到一個段落就好，於是拖延了睡眠時間。最好的做法是睡前讓自己無聊一點，像是看一本不會太歡樂的書，短篇散文和詩集有許多段落，比較容易看到一半就停，或是其他實用書、英語文法書等。

畫家法蘭西斯・培根有失眠困擾，睡前經常翻閱舊食譜，我想對他來說，看食譜說就像是冥想，可以穩定思緒。我每天晚上九點半睡覺，還設了鬧鐘提醒自己該睡了。鬧鐘響起時，只要不讓情緒過於亢奮，就很容易停下來，而且我也不會帶著後悔結束這一天。

STEP 35

午睡、能量補眠的奇效

只要告訴我你幾點吃飯，吃完飯後是否午睡，
我就能告訴你，你是什麼樣的人。

——梅森・柯瑞

許多人都知道即使是英國前首相溫斯頓・邱吉爾、美國第三十五屆總統約翰・F・甘迺迪（John F. Kennedy）等每天埋首政務的政治領袖，每天也會找空檔午睡。

看過《創作者的日常生活》的讀者，會發現大多數天才有午睡的習慣，包括愛因斯坦（Albert Einstein）、達爾文（Charles Darwin）、馬諦斯（Henri Matisse）、法蘭克・洛伊・萊特（Frank Lloyd Wright）與李斯特（Franz Liszt），他們每天都會午睡，因為大量耗費精神或充滿創造力的工作，都需要午睡。

美國太空總署（NASA）、谷歌、耐吉（Nike）皆設有補眠室，鼓勵員工下午可

以小睇二十分鐘，恢復精神。我每次看到撰寫有關谷歌的文章都在想，能在谷歌工作的優秀人才具備的特質，正是其他人也需要的。

我每天都會小睡兩次，每次的能量補眠都是十五分鐘（其中一次是先前提過早上的回籠覺）。真希望不久的將來，政府可以立法規定「公司一定要設置補眠室」。如果我哪天能夠成立公司，我一定會將設立補眠室當成第一要務，因為我就是能量補眠的見證者。

日本福岡縣立明善高校規劃了十分鐘午睡的計畫後，考上東京大學的應屆畢業生比以往高出兩倍。根據法國里昂大學的研究，學習背誦的小組成員如果在學習中小睡一下，不僅學習速度較快，也有助於提升長期記憶。另一方面，美國太空總署研究發現，每天小睡二十六分鐘，有助於提升34%的記憶和專注力等認知能力。

提升認知能力代表冷系統變得活躍，人可以抑制眼前的需求，追求將來的獎勵，我非常認同這項結論。我在從事運動或處理高難度工作等，需要堅定意志力的事務前，一定會先小睡十五分鐘恢復精力。短短十五分鐘的能量補眠就能神清氣爽，有時還會做一些短暫的夢，睡醒後感覺自己充滿活力。

何謂戰略性回籠覺？

我現在採取的是「將早上一分為二」的策略，每天早上五點起床，九點半去圖書館。早上起床到進圖書館上班前的四小時之間，我會做許多事情，包括寫書稿、做瑜珈、學英文等。

我在真正處理重要工作之前，已經稍微消耗掉自己的能量，所以我會在出門前會先小睡一會兒，這十五分鐘的能量補眠，我稱為「戰略性回籠覺」。醒來後我又重拾意志力。我每天盡可能睡滿七到八小時，但我並非每晚都睡得很好，有時也會在半夜醒來，所以才需要十五分鐘的回籠覺調整精神狀況。

美國作家尼科爾森・貝克（Nicholson Baker）也使用同樣方法。他每天清晨四點到四點半起床，接著花一個半小時寫稿子，寫完後很想睡，因此又回頭睡到八點半再起床。這個方法的優點是，即使是第一次早起時很想睡，也會因為「反正之後還能睡回籠覺」的想法鼓勵自己早起。戰略性回籠覺可在同一天創造兩次上午時段，各位不妨嘗試看看。

STEP 36

休息時反而要積極活動

休息時與其什麼都不做，積極活動反而能放鬆心情，也能讓精神變好，這就是「謝切諾夫中樞抑制現象」。許多人覺得累的時候都想躺在床上休息，但光靠睡覺無法改變情緒，到了傍晚反而容易湧現罪惡感。不耗費能量不等於休息，走出戶外接觸大自然，休息時積極從事自己喜歡的興趣才是真正的休息。

準備「因應清單」

無論生活多麼充實，還是會有寂寞和憂鬱的情緒，為了因應這種情形，不妨事先準備許多能讓自己心情變好的選項。透過自己喜歡的方法，主動處理壓力，將這些方法全都統整在「因應清單」裡。

我的因應清單包括散步、接觸樹木與泥土等、在野外堆起樹枝，點燃篝火、開車、到電影院看電影，偶爾還會想出遠門。有時雖然不想做，但做了之後一定會讓心情變好，讓心恢復平靜，就像拿出自己喜歡的玩具逗自己開心一樣。

STEP 37

不習慣的事也很重要

無論做什麼事，持續做絕對會感到厭煩。要讓身體變暖，寒冷也能感到愉悅。

——布萊士・帕斯卡

我現在的一天過得像一星期，從早上到傍晚用來進修和工作的時間安排，都與一般上班族的週間日一樣。我每天該完成的慣性行為，最後一項絕對是到健身房運動。太陽西下後，就是我的自由時間，我可以像週末一樣過得輕鬆自在。

晚上我可以做任何我想做的事，剛開始很累的時候，只想躺著滑手機，但奇怪的是，我絲毫沒有罪惡感。人之所以有罪惡感，並不是因為做了什麼，而是因為沒做什麼卻在享樂。習慣自己每天該做的事情後，不再覺得筋疲力盡，自然也無須躺著滑手機。可以自由運用的夜晚，我通常都會看電影。

每個人都想有效運用時間，習慣就是為了這個目的而存在的。不過，我們不可能有效運用二十四小時的每一分每一秒，也不該這麼做。維持習慣的過程中，也需要讓大腦放空的時間。

大腦放空，才更有持續力

日本評論家柄谷行人是極具代表性的知識分子，他只在白天工作，在傍晚之前寫稿、讀書，晚上則看連續劇或電影放鬆，傍晚以後不用大腦，這樣的工作型態已持續超過十年。

知名哲學家康德可說是習慣之神，他最知名的習慣就是散步。他每天下午三點半一定出門散步，因為時間分秒不差，還有人用康德來對時。康德終生未婚，一輩子住在自己的故鄉柯尼斯堡，甚至從未去過只離住家幾小時路程的海邊。

康德看似是孤僻的天才，事實上他也有社交的一面，十分健談。他一天只吃一餐，不只與同事相處融洽，還喜歡和從事各行各業的鄰居舊識閒話家常，他曾說：「一個人吃飯對哲學家來說很不健康。」和別人聊天有助於放鬆大腦。

習慣也需要變化

日本自古就有徒步走自然步道或登山步道的文化，但如果每天走，就不是旅程，而是日常。在大自然中徒步旅行已逐漸成為日常風景。成為自由工作者後，我愈來愈覺得習慣一定要適時地變化，如果每天都像星期天，絕對不是一件好事。

在實際感受習慣的獎勵之前、在真正養成習慣之前，盡可能每天做。最重要的是，習慣是最該優先持續的行為。為了避免對習慣感到厭煩，要不時增添變化，好好休息，就像我每週要休息一天，不然就是出門旅行。

STEP 38

目的、目標，不混淆

> 成功是結果，不是目的。
>
> ——古斯塔夫・福樓拜（Gustave Flaubert）

根據鮑伯・施瓦茨（Bob Schwartz）《減肥無用》（Diets Don't Work）的內容，兩百名實行減肥計畫的民眾，只有十人成功瘦下來，成功不復胖的只有一人。有些人費盡心思達成目標，卻無法維持成果。

這是因為大多數人將減肥視為在一定期間內，透過忍住慾望（忌口）的方式達成「目標」體重的行為。一旦達成目標、獲得滿足，自然就鬆懈了，於是就會漸漸復胖。減肥不像考證照或參加司法考試，只要考上就終身無憂，減肥的目的是找出無須忍耐也能持續下去的生活型態。

目標讓鬥志燃燒殆盡

研究報告顯示，有些運動員在參與過奧運這類盛會後，罹患了奧運後憂鬱症（Post Olympic Depression）。也有研究指出，阿波羅號的太空人在完成太空任務後會感到意志消沉。職業遊戲玩家梅原大吾也說過同樣的話，他的目的是持續成長，不是贏得比賽。若將勝利當成目標，就會鬥志燃盡，無法持續下去。

目的就是「主計畫」

目的與目標、目標和指標，這些詞彙十分相近，寫多了難免感到混淆。阿諾・史瓦辛格不用這些詞彙，他以「主計畫」（Master Plan）來取代目的一詞。或許對某些讀者來說，「主計畫」較淺顯易懂。阿諾・史瓦辛格每天問自己，「我今天可以做什麼才有助於完成主計畫（遠大目的）」？

設定馬拉松的完賽時間其實也是一種目標，我透過設定三小時三十分鐘的目標，可讓我維持每天跑步的意志。我跑步的目的是維持身心健康。此外，出書是我的目標，目的是持續滿足我的好奇心。

STEP 39

專注於眼前目標

所謂英雄，是做了自己能做的事。
凡人不但不做能力可及的事，還冀望做能力以外的事。

——羅曼・羅蘭（Romain Rolland）

保齡球要打得好，祕訣不在於朝球瓶丟球，而是要瞄準地上的三角點（甜蜜點）。我在養成習慣的過程中，一直謹記這一點。你知道為什麼嗎？

好習慣難養成的原因

只看過去努力了多少

人在朝目標努力的過程中，經常想起達成目標為止的「努力總量」。想存下一百萬圓，最重要的是持續存十圓、一百圓。不過，對於早已存下一百萬圓的人，看到地上的十圓、一百圓，反而覺得沒有撿起來的價值。

看到英文流利的雙語人才，就會感慨自己所處的環境，也覺得記英文單字根本沒有用。看到社群中，許多人提出了各種計畫，進度超前的人達成目標的速度也愈來愈快。一想到自己到目前為止的「努力總量」，不禁想半途而廢。

你要做的就是看著前方，再做一下

專注於眼前的目標就能解決，只看過去的問題。綽號為阿知的日本足球選手三浦知良五十一歲還在踢球，這個年齡還能在場上奔馳並不是他設定的目標。事實上，他三十歲時曾經想退休。當時他心想，再踢兩年就退休，踢了兩年後，又想再踢兩年，就這樣一直踢到現在。

我第二次參加馬拉松比賽時傷了膝蓋，跑得很痛苦。跑到二十公里時，如果告訴自己還有一半、跑到三十公里時，告訴自己還有十公里，絕對會萌生放棄比賽的念頭。於是在後半場我告訴自己，「再跑兩公里就退出」。跑完兩公里後，又告訴自己「再跑兩公里就退出」，就這樣跑完全程。

傳記電影《鋼鐵英雄》（Hacksaw Ridge）描述一名軍醫拯救七十五名傷兵的真實故事。主角在自己的軍隊撤退後，獨自留在戰場，將被留在戰場上的傷兵一一救出。他在槍林彈雨中來回奔波，嘴裡不斷唸著：「主啊，拜託讓我再多救一個人。」人能從過去累積的經驗中獲得勇氣。高橋尚子在正式參加馬拉松大賽時說的話最具代表性：「我不知道跑過多長的距離，我只知道只剩下四十二公里而已了。」

STEP 40 習慣絕對需要失敗

盡可能累積失敗經驗對於習慣養成也很重要。各位雖然現在正在看這本書，但我必須說光是看，是絕對不可能養成習慣，實踐與失敗才是必經之路。勵志書與商管書中最常見的問題是「如何才能成功？」，這個問題的答案很簡單，你要追求的不是成功，而是盡可能地失敗。你知道為什麼嗎？

我有位朋友每次失敗都面帶笑容，因為失敗代表自己找到了做不好的方法，才能往成功更進一步。失敗不是真的失敗，無法從失敗吸取教訓，活用在下一次的挑戰才是真的失敗。

只要找到愈多做不好的方法，總有一天就會找到做得好的方法。失敗相當於成功，如同工作與休息一樣，成功與失敗只是存在於同一個流程中的一體兩面，不過一個命名為「失敗」，另一個叫做「成功」罷了。

誰都不想經歷無謂的失敗，所以我們會請教前輩專家，或是用心找出隱藏的細節。用這種方式逃避失敗的結果，只會讓我們繞更多的遠路。失敗雖然讓人感到可恥，無法獲得獎勵，還容易讓人昏心喪志。成功者是不因失敗而氣餒，堅持到最後一刻的人，就只是這個簡單的道理而已。

累積失敗的意義

習慣養成之後，持續下去其實比養成前更容易。不過，實踐的過程絕對不是只享受到快樂。有時早起後還是覺得睏，不想工作、不想跑步，這時只要記錄下來，多累積失敗的經驗，就能戰勝想偷懶的心情。

如果我早上起不來，就會失去幹勁，不僅跳過起床後的瑜珈運動，就連工作也無法完成。原本只想喝一杯酒，最後卻喝過頭，第二天睡到中午才醒，渾渾噩噩過了一天，不禁後悔自己昨天的行為。

同樣的行為我做了好幾次，也記錄了好幾次。現在回想起來，這些都是必要的失敗。一兩次的失敗無法形成懲罰，因為我們很容易以為明天的自己是超人，明天一定和今天不一樣。唯有經歷無數次失敗，才能拋開幻想，一切重新來過。

切割失敗與自我否定感

我何必責怪自己呢？
必要時已有別人會責怪我，這樣不就夠了嗎？

——愛因斯坦

不要因為失敗而失志。第一章提到的棉花糖實驗，「等待時想著悲傷的事」會讓人無法等待，很快就吃掉了棉花糖，當一個人沮喪氣餒，就很難獲得將來的獎勵。我們一定要跳脫惡性循環的陷阱。

人有一項特質稱為「消極偏見」（Negativity Bias），就是容易會受壞消息影響。由於這個緣故，當我們養成某個習慣失敗了，我們會忍不住在意這個失敗經驗。最好的解決方法，就是專注在已經養成的習慣上。

山口勢子也曾經歷過家中一片混亂的日子，與其看到家中雜亂的模樣而沮喪，不如坦然自嘲「我正在努力不整理家裡」。失敗是因為嘗試的方法錯誤，而不是自己的問題。

STEP 41 要維持多久才能養成習慣？

各位一定想過「要維持多久才能養成習慣？」，最有名的答案是「重複二十一天」，這個說法源自手腳截肢的患者，要花二十一天才能習慣自己的身體，聽起來充滿神奇色彩。養成某項習慣代表自己感受到獎勵，大腦神經迴路一定會產生實質的變化。只要短短二十一天就能使如此複雜的機制成形，這個說法真的很奇怪。

有一篇論文指出，想要養成喝水、深蹲等日常習慣，平均需要六十六天。不過，這個平均數來自十八天到兩百五十四天的總和，由於最高與最低數字差異過大，沒有參考價值。

所以最好不要從「幾天可以養成」這個角度去思考。一般人都會覺得以日期為單位嘗試新事物，覺得很有意義。例如，挑戰三十天深蹲，但關鍵不在於目標，而是第三十一天之後是否能持續下去。而且，用「忍耐」的角度去思考挑戰內容，結果絕對會失敗。

養成習慣時自己會有感覺

要維持多久才能養成習慣？這個問題沒有答案，但我可以告訴各位，當你成功養成習慣，是會有感覺的。

我上健身房運動已經將近十年，基本上我每週去一次，忙的時候一個月去一次。在我開始每天上健身房之後，到了第五天剛好遇到健身房公休，以前的我一定會想「既然這樣就放自己一天假吧，真幸運！」，但那天我的想法是「怎麼會公休？真遺憾！」當我出現這樣的想法時，連自己都嚇一跳。

原來我的大腦已經將「運動是偶爾得做的苦差事」，轉換成「運動的感覺真好」、「運動後好有成就感」的正面觀念。

戒糖的徵兆

真正戒掉壞習慣時，你的身體會知道。我在戒糖的三週後發現，我再也不想去麵包店買蓬鬆柔軟的奶油麵包，或是夾著大量奶油和紅豆餡的甜麵包。就算肚子餓，只要看到甜食只會讓我感覺噁心。日本的甜食太甜，很受外國人歡迎，但我想這種感覺，應該很接近日本人吃到甜得要命的外國甜點。

以前只要看到甜食我就想吃，然後告訴自己要忍耐，並用意志力控制慾望。但現在想吃甜食的神經迴路已進入休眠狀態，我再也不會受到甜點誘惑，所以沒有拒絕誘惑的感覺，這就是成功的徵兆。

有句話說「發揮答案的價值」，說的一點也沒錯。我不知道養成習慣要花多少時間，但是當你找到答案時，代表你所做的一切都是最有價值的。

當你不再意識到目標的存在

極簡主義者的終極目標是無意識地實踐極簡主義，就是不加思索地做出的任何行為，皆體現極簡的狀態。

習慣也一樣，當我們可以無意識地維持習慣，那才是真正的習慣。我在上建身房運動的第五天就看到效果，當時一直覺得我一定要堅持下去。現在我完全沒有花工夫讓自己堅持下去，也沒有任何一定要堅持下去的念頭，一切就是這麼的自然。

我也不會在社群公開自己的習慣，因為今天也跑了十公里，是我每天該做的事，不想向他人炫耀或交代。雖然有時也想偷懶，腦中出現今天不想去健身房的想法，最後還是會出門。

如果你擔心每天該做的事會不會哪天破功，代表你還沒養成習慣。當你遇到例外情形，仍堅信不會影響已經養成的習慣，或是當你的習慣就像刷牙一樣，沒做就覺得全身不對勁時，無須刻意提醒自己，自然而然就會維持下去，這代表你已經養成真正的習慣了。

STEP 42

做比不做更好

村上春樹在《關於跑步，我說的其實是……》（時報出版）一書中，提到他採訪奧林匹克長跑選手瀨古利彥的故事。

——我問瀨古先生：「像你這樣有奧運水準的頂尖跑者，會不會也有今天不想跑，好厭煩，想在家睡覺的時候？」瀨古先生瞪大雙眼，然後以「你問的這是什麼問題？」的聲音回答：「當然會啊！我經常這樣！」

——我就是想從他的嘴裡聽到這個答案。雖然我的肌力、運動量和跑步意願都無法與瀨古先生相提並論，但我每天早起穿上慢跑鞋，綁緊鞋帶時，我都會想瀨古先生會不會也跟我一樣？他當時說出的答案，讓我完全放下心中大石。果然大家都是一樣的。

我寫這本書的時候，村上春樹已經維持每天慢跑的習慣長達二十年以上了，即使是他，也會有不想跑的時候。就像村上聽到瀨古選手的答案，覺得很放鬆一樣，村上春樹的答案也讓我鬆了一口氣。

習慣是自然而然的行為，但不代表我每次都能毫不思索地做出選擇，或內心沒有任何糾葛。我每天都會完成該做的事，但我畢竟是人，一定會遇到今天不想做或提不起勁的時候。

維持習慣的過程一定會感到痛苦，但與其不做感到後悔，付諸行動才是最好的選擇。累積失敗經驗，習慣的獎勵會逐漸提升。如果不做，我一定又會像過去一樣感到後悔，產生自我否定感。因此，我會做出對自己最有利的選擇。

STEP 43

慢慢提升難度

在維持習慣的過程中，感到厭煩是一定的。每天固定早起、做瑜珈、運動，做同樣的事情，成就感和清爽感會隨著時間，一天天的遞減。

若難度設得太高，大腦就會覺得太痛苦不想做，太簡單又不容易滿足，很快就厭煩。正因為有難度，適度的負荷會刺激腎上腺分泌皮質醇，讓人感到滿足。簡單來說，毫無壓力不是一件好事。

我曾問健身房教練，我何時可以增加槓鈴重量？他回答我：「等你可以輕鬆舉起現在的重量時。」就像開車，我也是在不知不覺間，突然變成可以一邊哼歌，一邊輕鬆地掌握方向盤。以前慢跑時氣喘吁吁的速度，現在跑起來游刃有餘，腦袋還能思考其他事。原本困難的事情變簡單了，當你不再需要用力，代表提高難度的時間到了。

心理學家米哈里・奇克森特米海伊（Mihaly Csikszentmihalyi）研究的「神馳」狀態，指的是一個人專注到忘我的境界，從中獲得充實感，通常發生在不會太難也不會過於簡單的事情上。

我在寫這本書時，如果遇到前後理論相悖，或闡述專業複雜的內容時，專注力會立刻潰散。不過，如果寫到我自己體驗過、十分清楚發生什麼狀況，難度適中的內容時，我可以極度專注，忘記時間的存在。

無感狀態下慢慢增加難度

若一下子將難度提得太高，很難維持習慣，因此最好慢慢提升難度。假設你希望提早一小時起床，那就設定讓鬧鐘提早五分鐘，我們很難第二天就讓自己提早一小時起床，但可以輕鬆地提早五分鐘睜開雙眼。每天提早五分鐘，十二天後就能提早一小時起床。跑跑步機時，也是慢慢多跑一分鐘，慢慢增加0.1公里的時速。慢慢提高難度可避免遭受挫折，幫助我們成長。

成長需要「有意識的練習」

鈴木一朗打的每一球都有目標，就算擊出安打，如果沒有達成目標，他也不會滿意。職業遊戲玩家梅原大吾也說：「如果腦中沒有想法，無論玩多久也無法提升技術。」胡亂拉長練習時間無法展現效果。

籃球員練習投籃不是球投得多就好，還要注意每次投籃的距離、是否往左右偏移、手腕如何轉動，再進行細微的調整。建立假設、持續修正，這個方法稱為「有意識的練習」。

當養成習慣變得容易，若維持相同難度，每天就只是機械式地完成每天該做的事。多巴胺只在我們有新鮮感時分泌得特別多，神經元的結合也是在我們走出舒適區時發生。

每天做同樣的事，我們很可能無法從中獲得刺激，幫助自己成長。做瑜珈時腳劈得較開，內側肌肉會感到疼痛；想辭職時咬緊牙關，再努力一次，這些都能讓自己成長。當自己拚盡全力，再努力往前走一步，就創造了成長的空間。

STEP 44

跨越低潮的試煉

無論我們養成多少習慣，一定會遇到今天不想做的時候，此時最好的因應之道是「維持外在形式」。

《驚人習慣力》的作者史蒂芬・蓋斯認為即使養成習慣，也不要提高目標。假設你已經能做一百下伏地挺身，也不要調高目標，維持「做一下伏地挺身」的目標即可。養成寫日記或部落格的習慣，即使每天都能寫一千字，也要維持最初的目標，寫一百字即可。遇到「今天不想做」時，只要做一下伏地挺身或寫一百字就達成目標。

因為自我否定感是減弱意志力的原因，今天沒完成、沒達成的負面情緒，讓人難以實踐下一個習慣。因此，只要維持外在形式，就不會否定自己。即使今天完成的事情很少，我們也能透過維持習慣的形式感到滿足。

成長不會轉化為動機

> 達成目標的獎勵就是達成了自己設定的目標。
>
> ——伏爾泰（Voltaire）

即使養成習慣，也不是每次都有成長的體會，若將成長的體會當成獎勵，或是堅持下去的動機，就無法持續做下去。以瑜珈為例，我開始做瑜珈兩週後，身體變很柔軟了，因為很開心，所以每天都做。但慢慢的，就算每天做身體也不會變得更柔軟，體會到的成長和改變瞬間覺得很平凡。我曾經挑戰一個月劈腿法超過半年，現在卻完全沒辦法劈腿。

將成長視為獎勵時，遇到這種情形就會讓人愈來愈不想維持習慣。荒廢了幾天後，我發現身體又變硬了，不免感嘆以前的努力都白費了。學英文也是如此，學了一段時間，有一天突然發現「我聽得懂！」不過，絕大多數是沒有這種成長的體會。

成長一定會伴隨著停滯期和突破期，這不是一路往上的上升趨勢線，而是像爬樓梯不斷上上下下，畫出不工整的鋸齒狀線條。這就是把成長當成獎勵，遇到衰退期就想半途而廢的原因。

維持習慣最需要的不是以成長當獎勵，而是從行為本身找到獎勵，也就是今天也做完了的自我肯定感。當你感受不到成長，不妨想像自己變成蛹，從外表觀察蛹，看不出有任何變化，但內部其實已經有了大變化。成長的喜悅就像難以預料的公司獎金，偶爾拿到時只要覺得自己很幸運就好。

STEP 45

愈做愈好的自我效能

人生需要的是無知和自信，有這兩點就能成功。

——馬克・吐溫

在STEP 17，我介紹了如何利用循序漸進的方式，克服怕蛇的恐懼心理。其實，這個例子還有後續發展。成功克服怕蛇心理的人，對於其他事的不安情緒也會消失，這一點真的很有意思。而且當他全心投入去實踐目標，遭遇失敗時也不會輕易感到沮喪，亞伯特・班度拉將這種現象為「自我效能」。自我效能就是認為自己做得到，這是一種改變自己、獲得成長、學習新知、克服全新難題的信念。

我在戒酒後也戒了甜食，在還沒戒甜食之前，我心想：「我連酒都戒得掉，不可能戒不掉甜食！」當我們成功做到一件事，就不會覺得下一次的成功很困難。耐住性子拿到兩顆棉花糖的孩童，可能在他們長到四、五歲前，已經有過好幾次得到讚賞的經驗。

相反的，當你認為自己做不到、做什麼都失敗，就會覺得盡早放棄是最合理的選擇。因為你已經覺得這次也會失敗，當然無須浪費時間煩惱。看到眼前的棉花糖，你不會耐心等待，而是在別人將棉花糖放在你眼前的那一刻就決定吃掉。

沃爾特・米歇爾曾經說過，熱烈期待成功的孩子在接受新任務時，會充滿自信地執行任務，並表現出已經成功的姿態。他們不認為自己會失敗，反而期待接受新挑戰，甘冒失敗的風險。

凡事做了再說很重要，我也是這麼想。不過，做得到的人，都是因為他們在過去的人生歷程中，經歷過許多次「先做再說」最後成功的經驗。不害怕失敗且最後成功，這樣的經驗愈多，愈容易挑戰新任務。

從整理開始擴散的自我效能

在棉花糖實驗耐心等待的孩童，無論是課業成績或健康狀態，在許多層面都有出色表現，所以認為「自己做得到」的自我效能為各方面帶來好的結果。

剛開始我只是整理家裡，後來覺得這樣不夠，我想要從各個層面提升自己的生活品質。當我成功早起、開始上健身房，剛開始感受到極大的成就感，後來發現即使在家裡無所事事也很滿足。等到我可以輕鬆維持早起和運動習慣，我就想加大力度、增加負擔。

養成某項習慣，就會想接著養成其他習慣。維持習慣可增加自我效能，讓自己更想養成新的習慣，如此一來，自我效能就能在各個層面帶來正面影響。

STEP 46 引起連鎖反應

在養成運動習慣後不久，我發現自從我搬到鄉下，出門不是用走的，就是坐車。所以當我睽違已久地走了一段路後發現，走路的速度變快了，連我自己都很訝異。腰和腿變得結實了，感覺就像漫畫《七龍珠》中，悟空與克林卸下沉重的修行盔甲，身體變得很輕。

醫界認為走路速度慢的人有罹患憂鬱症、身體功能低下、認知功能衰退等各種健康風險。但也可能是先罹患憂鬱症，身體才出現問題，走路速度變慢。話說回來，只要身體變輕，而且想走，自然就能走得很快。

開始鍛鍊身體之後，我發現日常生活過得很輕鬆。走樓梯一點也不累，我可以維持挺直的姿態，無須去擠人滿為患的電梯，不僅走樓梯完全不喘，身體狀況也愈來愈健康。

已經養成的習慣就是獎勵

由於每項習慣開始的時間都不一樣，因此一定有些習慣可以做得很輕鬆、很快樂。對我來說，日記就是最好的例子。寫日記不會對我造成任何負擔，將負面情緒寫在日記上，還能一掃陰霾。日記不僅是我轉換心情的地方，也是我的獎勵。

跑步也是一樣。以前我一直認為跑步後的獎勵是吃美食，但有一天我突然發現我想在工作完成後去跑步。過去是具有任務意義的習慣，竟在不知不覺間成為自己最珍貴的獎勵。

不再需要壞習慣

無論遇到任何壓力，只要寫在日記裡就能讓心情輕鬆；在我情緒低落時，只要去跑步就能改變心情。過去我們一直認為暴飲暴食、衝動購物可以宣洩壓力，現在的我們不再需要這些壞習慣，還能維持好習慣的良性循環。別人看到這樣的改變，還以為一切都是因為無欲則剛，或是意志力堅強的關係。

STEP 47

習慣可以舉一反三

我們的一生，不過是無數習慣的總和。

——威廉・詹姆士

習慣的養成，可以運用在日常生活中的各種場合。例如，我吃東西的速度很快，我一直想改過來，可是一直失敗。我和女性一起吃飯時，如果不特別注意自己的吃飯速度，很可能出現我已經吃完，對方還在吃前菜的狀況。

細嚼慢嚥是抑制食慾的重要方法，也有助於消化。我知道細嚼慢嚥對身體好，卻做不到。養成習慣最需要的是懲罰和獎勵，我把這個理論套用在改變吃飯速度上。我立了一條規矩，把中午吃便當的時間當作是一種休息。換句話說，如果我很快吃完便當，就代表休息時間變短——這就是懲罰。只要我細嚼慢嚥，就能好好休息——這就是獎勵。雖然不是什麼了不起的獎懲制度，但也發揮了一定程度的效果。

根據美國的調查，有將近55％的成年人未按時吃醫生處方藥，或許是因為患者感受不到藥效，才會忘了吃藥。想要養成吃藥的習慣，不妨將藥放在吹風機旁或牙刷旁，只要吹頭髮或刷牙就會想到吃藥，融入生活的習慣養成，真的很有效。

飲食和用錢都是一種習慣

飲食對我來說也是一種習慣。我三餐都自己煮，每天吃的都一樣。我每三、四天去一趟超市，買同樣的食材，以相同方式調理，做菜、吃飯就跟例行公事一樣。這個做法讓我每天的食量都差不多，不會做太多吃不完，也不會吃太多。去餐廳吃美食確實很快樂，但規律的飲食生活最大的好處就是不發胖。

這套習慣也能套用在重要的財務管理上。亞洲人喜歡存錢，用我們的角度看，美國人幾乎沒有儲蓄。根據美國一項針對七千名成年人進行的調查，發現69％的人存款不到一千美金（約十萬日圓／三萬台幣）。

許多美國人到六十五歲才驚覺自己的存款太少，或許是因為大多數美國人，不會為了退休生活削減現在的娛樂支出。此時最有效的方法就是調整習慣難度，控制自己的行為。某大企業在進公司滿一年的員工中，可選擇加入與否的狀況下，加入日版401K退休金制度（確定提撥制）的比例約為40％；若為自動加入或需辦理終止手續才能退出的狀況下，加入比例高達九成，光是降低加入門檻和提高退出門檻，就能大幅改善退休生活的財務問題。

習慣也能運用在人際關係上

習慣也能對人際關係帶來正面影響。看到快用完的衛生紙（提示），就去拿新的衛生紙替換（慣性行為），而非留給下一個人處理，換好衛生紙後，覺得自己做完了一件家事，充滿成就感（獎勵）。如果先生可以養成這個習慣，就能減少和太太吵架的機率。

決定每一天做什麼事的小技巧，可以有效解決許多問題。我和國中同學已經連續舉辦同學會超過十五年，最大的原因是我們每年固定在十二月三十日舉辦。由於事前已經知道每年都在同一天開同學會，因此會特別注意這個日期，刻意排開其他行程，參加的人數相當踴躍。

習慣也能加深與朋友之間的關係。我有兩個好朋友，我們三個幾乎只在彼此生日的那一天見面，因為每個人的生日都是固定的，因此很容易排出空檔見面，長年以來都維持著相同的習慣。

習慣對戀情也有幫助。大家都說認真的男性最帥氣，只要勤於邀約、多讚美，你心儀的女性也會愈來愈期待與你見面。不過，有些女性不喜歡這類追求方式，請務必視實際狀況調整。

如果遇到騷擾你的人，也能利用習慣讓對方知難而退。一般人遇到騷擾自己的人都會產生負面的情緒反應，因此在接到對方的電話或信件時，通常會做出回應。但是，對對方來說，你的回應就是一種獎勵，反而會刺激他繼續跟你聯絡。為了避免這種情形，完全斷絕聯絡或許是最好的方法。

STEP 48

建立自己專屬的習慣

所有人的見解一致並不是一件好事，
賽馬就是由於意見分歧而產生的。

——馬克・吐溫

鈴木一朗在回顧自己過去接受的魔鬼訓練時，這麼說：「我從十八到二十歲都住在歐力士的宿舍裡，當時我每天打好幾百球，打到半夜兩、三點。現在回想起來，當時的訓練超乎常理。不過，我常在想，要是當時教練要求我這麼練，我卻覺得練這麼多球也沒用，最後就不練的話，我還會有現在這樣的想法嗎？」

他說的話就是我想透過本書告訴大家的。我之所以想戒酒，不是因為我明白喝酒的壞處，而是因為我累積了許多喝酒誤事感到後悔的經驗。如果一個人從未喝酒過度，做出讓自己後悔的行為，相信他一定不會想要戒酒。我也是度過一段無所事事的頹廢日子，親身嘗過這種痛苦，才會認真努力地養成好習慣。

所以這本書，不會直接告訴你，我採取了什麼方法，我希望各位讀者不斷重複實踐與失敗的經驗，從中找出屬於你自己的方法。從書中學習的就是，在付諸行動之前，事先知道容易掉進怎樣的陷阱。

不過，如果不真正掉進陷阱，就不會知道掉進陷阱裡有多痛。正因為嘗過這樣的痛苦，下一次才會想盡辦法避開陷阱。我想做的就是不斷提醒各位，要注意這些特別難應付的陷阱而已。

找出屬於你自己的習慣

我一直以夜貓子自許，但我現在成功轉型為晨型人，愉快地展開每一天。這一定不是只有我能成功，所有人都可以。長期在報紙刊登連載漫畫《人小鬼大》的植田正志，他的生活型態與我截然不同，他每天半夜三點半睡覺，早上十點半起床，他之所以選擇這樣的生活型態，是因為每天下午三點半，機車快遞會來家裡拿原稿。他從截稿期限往回推需要的工作時間，認為十點半起床最適宜。

對自己最好，才最關鍵。如果各位想模仿我每天實踐的習慣，我一定會感到榮幸。不過，每個人的居住環境、年齡和性別都不一樣，就像勸相撲力士減肥，根本不可能。每個人的狀況不同，所以一定要特製適合自己的方法。

只要記住一些必要元素就可以了，記錄就是其中之一。記錄在什麼樣的狀況（心情、健康狀態、季節、工作忙碌）下，會維持或跳過自己的習慣。只要確實記錄，下次遇到就知道如何避免。千萬不要以我的習慣為範本學習模仿，重點在於自主思考。

STEP 49

習慣總有一天會瓦解

習慣不只頑固得驚人，也脆弱得驚人。

——格雷琴・魯賓

冥想是一種將飛走的意識拉回至呼吸的行為，但無論拉回至呼吸幾次，意識還是會飛走。關於冥想，僧侶小池龍之介這麼說：「就像我們想要騎馬卻被馬摔下來，但無論摔下來幾次，還是要想盡辦法騎回馬背上。」

冥想是我建議各位養成的習慣之一，小池對於冥想的形容可以直接套用在所有習慣上。無論習慣養成多久，還是會像被摔下馬一樣一直破功。習慣總有一天會瓦解，重要的是一瓦解就重建、一瓦解就重建。

留下「復活咒語」

當我們外出旅行，過著與平時截然不同的日子，或是不幸受傷，無法維持日常生活，好不容易建立起的習慣就會瓦解。這時，最好的做法就是清楚寫下所有慣性行為的全部流程，一開始介紹的「時間表」就是最好的例子。將自己每天做的事情與方法寫下來，無論遇到什麼樣的亂流，都能充滿自信地回到正軌。

人連自己的事都會忘，所以就要寫下來才能隨時想起來，只要寫下來就能從頭開始。知名電玩遊戲《勇者鬥惡龍Ⅰ》與《勇者鬥惡龍Ⅱ》都有一個名為「復活咒語」的特殊功能，只要輸入「復活咒語」就能存檔。你也要為自己寫下屬於你的「復活咒語」。

即使如此，「復活咒語」也有不適用的時候。例如，搬家、轉職、結婚、生子，這些重大轉變會更動與居住環境共存的習慣。但是，養成習慣的方法仍能在新環境中，幫助你建立新的慣性行為，你可能需要為了小孩早起、接送小孩上下學，或是家裡養了狗，必須帶狗出去散步等。

不只是環境，連自己也在慢慢改變。不只是年紀慢慢大了，昨天的我和今天的我略有不同，因此我們必須因應自己的變化，持續調整出適合現在的自己的習慣。

習慣達成時也別忘了新鮮感

作家尼科爾森・貝克工作時基本上都是按照過去的習慣，但每次寫新書，他一定會嘗試不同的方法。例如，以後要穿著涼鞋，下午四點開始在後方露臺寫書，這就是他為習慣增添新鮮感的小變化。為了不讓自己感到厭煩，我也會不斷地變化與微調。

梅原大吾說的話，最能體現「改變」的意義，「改變自己時，最有效的祕訣是『不要去想這麼做對自己好不好』。如果對自己有害，發現有害時再改就好。」如果改變失敗了，那就再改就好，維持習慣與固守習慣是截然不同的。

STEP 50

習慣沒有完結的一天

只要活著一天，就要學習如何活下去。

——塞內卡（Lucius Annaeus Seneca）

以前我一直以為極簡主義者是一種「完結狀態」，事實上，這是最常見的誤解之一。當我丟光自己不要的東西，我以為我再也不需要煩惱家中雜物了。如果能像賈伯斯一樣，找到自己想穿一輩子的衣服，這該有多輕鬆啊！雖然有時我也會想一輩子只要穿白襯衫就好，真輕鬆啊！但我從東京搬到鄉下後，根本沒機會穿上容易弄髒的白襯衫。

不僅如此，隨著興趣愈來愈廣泛，需要購買更多的用具，又出現了必須丟棄的東西。正因為斷捨離尚未完成，才能讓人感受到捨棄的喜悅。我現在沒有想增加的習慣，但不代表我的習慣已完結。養成新習慣，讓我更想挑戰難度更高的課題。

習慣就是繼續維持習慣

我們總是將目標拋在腦後。

——甘地

即使我們沒有任何問題想解決，我們的心還是會努力找碴。我們會從平穩安祥的生活中，不斷找出不滿、抱怨和待解決的課題，把自己塑造成必須克服困境的悲慘鬥士。只要解決課題就能獲得獎勵，課題就永遠沒有結束的時候，我們或許應該感到高興才對，養成習慣與「讓習慣處於完結狀態」是完全不同的。

習慣不會完結。
習慣就是繼續維持習慣。

第 4 章

現在的習慣，決定你未來的樣子

WE ARE MADE OF HABITS

用習慣解讀努力

我父親以前都會對自己養的貓說「你真好命」，貓整天都在睡，有時看牠這樣，確實很羨慕。不過，小鳥天生就會唱歌，不用別人教也會跳求偶舞，但人類必須努力學習彈奏樂器、記住舞步。

為什麼人必須努力才能學會某件事？過去的我認為人生是一場吃苦耐勞大賽，唯有比別人更努力才能勝出，享受勝利的果實。不過，在我養成習慣後，我才發現努力真正的本質。

第一章與讀者們分享人在什麼情況下會湧現意志力，什麼情況下會喪失意志力；第二章闡述了何謂習慣；第三章則詳細說明將行為轉換為習慣的具體方法。

如此深入思考關於習慣的種種，讀者們或許已經可以分辨出努力和天分的本質差異，這與一般人認為的意義截然不同。

鈴木一朗從來不努力？

我們通常會用費盡心血、嘔心瀝血這類的表現來形容一個人很努力，但事實真的是這樣嗎？

鈴木一朗從小就比別人認真練習，他曾在小學六年級的作文中寫道：「一年三百六十五天，我有三百六十天都在努力練球。」他在歐力士時代，其他選手只花二、三十分鐘練習打擊，但他每天花兩到三小時。總教練仰木彬看到他如此辛勤練球的模樣表示：「這麼認真練球當然打得好，一般選手根本無法跟他比。」

就算他進入了美國大聯盟，成為頂尖好手，仍在其他選手放假的休季期間，一個人到球場練球。儘管二〇一八年球季他已不再出賽，但他依舊持續練球。看在外人眼裡，他是一名辛勤努力的球員，鈴木一朗卻總是說「我並不努力」。

村上春樹的努力是只做喜歡的事？

第三章時我介紹過好幾次村上春樹的個人習慣，他在寫長篇小說時，每天都會寫十張稿紙，每天花一小時慢跑或游泳。

他曾在一篇長訪談中表示：「無論是工作或其他事，我只做自己喜歡的事，而且以我喜歡的方式去做。我並非無欲則剛，刻意隔絕外界的誘惑，我只是不做自己討厭的事而已。做自己喜歡的事當然會努力去做，這沒什麼特別的。」

這兩位被世人認為是每天努力不懈的天才，一位說自己一點也不努力，另一位則認為自己的努力沒什麼特別的。我一直以為這是一流選手和天王作家的謙遜之詞，雖然無法想像他們有多努力，但我稍微可以體會他們想要表達的意思。

我們一直認為努力有兩層意義，所以才會看不清努力的本質。

努力不等於忍耐

努力，這個詞蘊含著「努力」和「忍耐」兩層意義，但或許應該將這兩個意義區分來看。我認為兩者的意義差異是：

- 努力：是付出多少代價就有多少回報
- 忍耐：是付出多少代價卻沒有相對應的回報

社會上最常誤用的是忍耐這層意義。上班工作的回報是薪水，許多人為了拿到薪水付出各種代價。例如，為了獲得薪水，首先付出的代價是時間，其他包括：

- 無法自己決定何時上班、何時下班
- 遇到討厭的主管、廠商與客戶，不能視而不見

- 每天工作得很累，即使必須照顧小孩也很難請假
- 工作上沒有決定權，只能執行主管交代的事情

以上種種是一般公司常見的現象，員工必須付出不同形式的代價。另一方面，工作帶來的回報不是只有薪水，也包括：

- 工作表現受到同事與主管讚賞
- 團隊合作完成工作時的一體感
- 自己的工作可幫助別人，意義重大

不過，明明不想去公司，卻不得不每天出門上班，這種情形就是忍耐。如果付出的代價有合理的獎勵，人才會願意繼續往前走。但如果付出的代價超過獎勵，人就會想放棄。

一切取決於你的選擇

除了從付出的代價與獲取的回報是否平衡，來辨別努力和忍耐之外，「是否是你的選擇」也是判斷重點。

在胡蘿蔔實驗中，只能吃胡蘿蔔的學生，感覺意志力變弱了。但我們也能換個角度來看，在這些學生的面前有巧克力脆片餅乾和胡蘿蔔，實驗小組卻告訴他們「只能吃胡蘿蔔」。如果他們不是被他人禁止，而是自己決定只吃胡蘿蔔的話，他們的意志力絕對不會下降。當別人禁止你做任何事、命令你做什麼事，當自己沒有決定權時，就會產生壓力。

科學家曾經將兩隻大鼠放進不同籠子裡，對他們施予電擊。實驗人員讓其中一隻大鼠按壓控制桿，只要控制桿往下壓，兩隻大鼠就能逃過電擊的命運。結果發現另一隻無法按壓控制桿的大鼠，出現慢性壓力現象，體重減輕、潰瘍、致癌率大增。雖然兩隻大鼠遭受電擊的時間相同，但可以按壓控制桿的大鼠，認為自己有能力避免電擊，因此承受的壓力較少。

這表示，選擇自己想做的事時，一定會心甘情願吃苦耐勞，這就是努力。但從事自己無法選擇的、不想做的事時，絕對不會心甘情願地接受，這就是忍耐，所以一切取決於是否是自己的選擇。大家常說喜歡的事就能堅持下去，這是因為不論吃多少苦，這條路都是自己選的，受苦心甘情願。

習慣，需要經過忍耐

忍耐就像是被迫爬上一座沒有下坡、只有上坡的山。但努力不一樣，上坡儘管走得辛苦，但抵達山頂的那一刻充滿成就感，付出的努力獲得相對應的獎勵，因此下坡時也走得很暢快。

我剛養成習慣時，最初也經歷過忍耐的階段。剛開始覺得痛苦、身體緊繃，付出的代價比獎勵大，所以經常三分鐘熱度。第三章介紹了克服忍耐期的方法，只要度過

忍耐和努力的差異

忍耐只有不斷地往上，付出的代價沒有相對應的獎勵。

努力的獎勵是抵達山頂的成就感，與下坡的暢快感。
不過，養成習慣之前，必須經歷忍耐的過程。

忍耐期，就能進入努力區。一旦進入努力區，習慣便不再痛苦，而是可以獲取豐富的獎勵的行為。

用自己的標準努力就夠

有時看到別人的努力，難免會羨慕嚮往。看到別人咬著牙、大聲吼叫地舉起一百公斤槓鈴，便忍不住回想自己是否不夠努力。不過，我認為比起健身老手輕易舉起一百公斤槓鈴，那些剛上健身房，完全不清楚鍛鍊肌力的祕訣，便成功舉起二十公斤槓鈴的新手，付出的努力更多。如果要判斷運動時付出的努力是否夠多，最簡單的方式是測量心跳。

《運動改造大腦》中，有一則與心跳有關的小故事。我很喜歡這段內容，在此和各位分享。美國某個中學的體育老師菲爾・勞勒（Phil Lawler）在評估體育成績時，加入測量心跳數這個項目。

有一回，他讓一名不善運動的十一歲女學生，戴著心率監測器跑步，這位學生原本就不擅長運動，所以跑步成績很差。但如果打分數時看的不是跑步時間，而是心跳率，結果就會截然不同。最大心跳率的計算方式是，用二二〇減去自己的年齡所得到的數字。勞勒看到該名女學生的心跳數，簡直不敢相信，因為心率監測器記錄的平均心跳數為一八七下。

以十一歲的年紀來說，最大心跳率約為二〇九下，該名女學生在抵達終點的那一刻竟高達二〇七下。換句話說，她幾乎用盡全力在跑。勞勒回顧當時的情景，如此表示：「天哪！我忍不住脫口驚呼，這一定是在開玩笑！若是以前，我早就走過去跟那位同學說，妳給我認真點跑！」

「仔細想想，不知道有多少學生因為沒受到老師稱讚而討厭運動。事實上，那位女學生每次上體育課都比其他學生認真。」疾速奔跑與盡全力奔跑是完全不同的。每次讀這這個故事都不禁讓我熱淚盈眶，那名討厭運動的女學生，使出全身的力量，跑得比任何人都用力。

用習慣解讀天分

> 職業作家就是沒放棄寫作的門外漢。
>
> ——李察・巴哈（Richard Bach）

習慣改變了我對天分的想法，我一直以為天分、才華是與生俱來的特質。我曾經覺得自己怎麼這麼不幸、不公平，為什麼有些人一生下來就有超乎他人的才華。但令我不解的是，為什麼這些看來才華洋溢的人，卻說自己沒有天分？

天才其實也是凡人？

高橋尚子是雪梨奧運女子馬拉松金牌選手，小出義雄是高橋的教練，小出對高橋說：「妳沒有跑步的天分，所以妳必須接受全世界最嚴格的訓練。」我以為要成為奧運金牌選手需要天分，不是天才不可能站在世界的頂端，但事實真的是這樣嗎？

前言介紹過的坂口恭平，他曾說：「有些人會說『你有天分，其他人和你不同』，十年前還有人對我說『你不是這塊料，還是別當作家了！』（笑）。堅持做一件事就是這麼神奇。」或許如他所說，堅持才是重點。

村上春樹直到二十九歲之前，期許自己只要做自己喜歡的事就好，每天讀書、聽音樂、餵貓。他在接受採訪時說：「我當初完全沒想到自己，可以從事與創作有關的工作，我自認為沒有創作的天分。」

天分能靠後天培養嗎？

天才都說自己是平凡人。達爾文曾在自傳裡感嘆，自己沒有直覺的理解力和記憶力，愛因斯坦也說自己不是特別聰明，只是比別人花更多時間處理問題而已。如果達爾文和愛因斯坦不是天才，誰敢說自己是天才？

達爾文曾說，如果自己有比其他人更棒的地方，那就是對自然科學抱持無止盡的熱情。愛因斯坦則說：「我沒有才華，只是充滿熱情，又具有旺盛好奇心罷了。」

他們兩位都不認為自己特別優秀，但對於自己做的事都有用不完的熱情。正因如此，他們可以花很長的時間處理極困難的問題，他們認為堅持比優秀的天分更重要。那麼我們是否可以說，天分不是與生俱來，而是後天培養的呢？

天分一點也不稀奇

安森・杜朗斯（Anson Dorrance）是幫助美國女子足球隊，創造史上最多勝績的教練，三十一年間共奪下二十二次全國冠軍。對於天分，他這麼說：「天分一點也不稀奇，能否成為偉大的選手，關鍵在於自己做了多少努力，發揮自己的天分。」他表示自己領導的隊伍之所以創下無人能及的成績，原因不在於隊員是否充滿天分，或具有超強的得分能力，關鍵是每位隊員都經過嚴格的訓練。

我們和天才都一樣

冠軍就是在無人注意時仍汗流浹背，
辛勤苦練直到筋疲力竭的人。

——安森・杜朗斯

先前提過長年跟在頂尖游泳選手身邊，貼身採訪的社會學家張布立斯，也與各位分享過他所說的名言。他在論文裡如此寫道：

- 最出色的成績是無數小技巧和行為累積下來的結果
- 選手們做的事並不特別，也沒什麼過人之處
- 持續累積就能達到卓越的境界

這篇論文的觀點十分有道理，腳踏實地的人最終獲得勝利。但就是因為內容過於理所當然，普遍對這篇文章的評價不高。人總是期待精彩刺激的內容，例如，基因決定一切！三歲以前的教育決定能否養出天才小孩！之類的結論。

遺憾的是，真相總是平凡。重點在於維持習慣，堅持下去，維持習慣就能培養天分。或許就是因為天才在達到超凡境界之前，經歷的過程過於平凡，所以他們才會說自己只是個平凡人。

嚮往天才，人就可以不用努力？

天才這個詞太氾濫了。
只要被冠上天才兩個字，
別人就會認為你完全不用努力，
完全靠天分擁有現在的地位。

——福原愛

我們嚮往的永遠都是天才的故事。每四年欣賞一次花式滑冰選手羽生結弦與體操選手內村航平的精采表現，就會覺得他們是與我們不同次元的天才，完美的表現令人傾倒，深深陶醉在他們的演出之中。

美國心理學者安琪拉・達克沃斯（Angela Duckworth）引用尼采（Nietzsche）的話解釋這樣的心理狀態。

「當一切都很完美時，我們不會追問『這一切是怎麼來的』。」

「只要把天才視為神一般的存在，我們就不必拿自己去跟天才相比。當我們稱讚某人『超乎常人』時，也就表示『沒必要與其相比了』。」

由此可見，才華、天才這類詞彙不是為了稱讚任何人，而是一般人用來區隔自己與菁英的分隔線。一般人看到別人展現出自己無法達到的能力，不會認為自己只要努力就能得到，會內心認定那是自己怎麼努力也不可能得到的天分，因為這樣才能讓自己安心。

加法的天分、乘法的天分

那麼是否只要努力就能成為天才？我也不這麼認為。就像忍耐和努力不能一概而論，天分一樣可分成真正的「天分」與「領悟力」兩層意義。

日本歌人俵萬智曾說，天分共有「加法的天分」與「乘法的天分」兩種。即使經歷相同遭遇，有些人只會用加法累積自己的經驗，有些人則是用乘法概念，讓自己更快達成目標，兩者的差異就是「領悟力」。我認為領悟力與天分的差異如下：

● 領悟力＝學習速度
● 天分＝持續的成果，養成的技術與能力

就像有些人語言學習的速度很快，這種人就擁有領悟力。當一個人具備領悟力，付出的心血可以帶來大幅成長。即使沒有領悟力，只要不放棄，腳踏實地去做，運用加法概念，總有一天還是能培養出相同的技巧與能力，這就是「天分」。

你不是沒有天分而是停止成長

天分遠不如我，卻因專心磨練而成為堂堂詩人者，所在多有。

——《山月記》

剛開始其實只在領悟力上有些微差異，有些小孩上畫畫課，很快就掌握訣竅，被老師稱讚很會畫畫。畫畫可以獲得稱讚的獎勵，因為感到開心所以繼續畫。上其他課的時候，也會埋首在筆記本上塗鴉，愈畫愈覺得自己畫得好，產生自我效能，於是給同學看自己畫的連載漫畫。接著又受到同學肯定，再接再厲。畫畫的機會變多，逐漸提升繪畫技巧。

由於在繪畫這條路上備受讚揚，這個小孩很可能立志進入美術大學就讀，進了美術大學才發現，原來這個世界上畫得跟自己一樣好的人有這麼多。此時因畫得好而受到稱讚的不再是自己，換成了別人。因為再也無法在畫畫上得到獎勵，漸漸地減少畫畫頻率，最後以我沒有繪畫天分為藉口，結束繪畫生涯。

其實如果能堅持下去，即使只有加法的天分，也能慢慢累積才華。看到領悟力比自己高，學習速度快的人，就開始嘲笑自己怎麼跟別人比，結果半途而廢。與其說是沒有天分，不如說是你不再堅持下去，停止成長了。

放棄的瞬間就是極限

上帝啊！請賜予我寧靜，去接受我所不能改變的；
請賜予我勇氣，去改變我所能改變的；
並請賜予我智慧，去辨別什麼可以改變，什麼不能。

——雷茵霍爾德・尼布爾（Reinhold Niebuhr）

我相信不是所有人都想成為專家或是追求頂尖，每個人都有自己的極限，就像威廉・詹姆士所說的，樹木不會長到天空那麼高。日本田徑選手為末大一直想在一百公尺項目奪牌，但他評估自己的身材條件後，決定改跑四百公尺跨欄。

他既不是出生於牙買加，身高也不到兩米，有許多無法改變的身體條件。正因如此，他放棄了一百公尺短跑項目。但為末大說，放棄代表「看清現實」，我不是單純的放棄，我只是看清自己的極限。

做所有能做的，最後瀟灑地放棄

其實我想做的事也是這樣，我想知道自己的極限，秤秤自己的斤兩，最後瀟灑地放棄，這就是看清現實。知道自己的極限就能讓我心滿意足，以生病為例，相信各位最能體會。

我現在每天睡得飽，三餐自己煮，吃糙米和蔬菜，天天運動，不喝酒、不吸菸。

健康檢查結果全部高標過關，我無須擔心任何健康問題，即使如此，我還是會生病。到時候我一定會爽快接受生病的事實，因為我已經做了自己能做的事，我生的病就是我的極限，無需做無謂的掙扎。

天分，根本不值得一提

我想起武井壯說的一句話：「等你的努力超過別人，再來談天分。」想像有個小孩想自己扣釦子，他嘗試了好幾天還是學不會，最後他說我沒有扣釦子的天分，你會怎麼想？當他看到一名大人，從早上起床到出門的一連串事情全都自己一手包辦，不禁大喊他是天才時，你又會做何感想？

我們總在不自覺之間做出和這個小孩同樣的事，明明還沒到極限，明明還有許多成長空間的挑戰，就拿我沒天分就做為半途而廢的理由而放棄。每個人領悟力不同，極限自然也不同，無論是領悟力或極限，只要持續努力就會遇到。所謂天分，根本不值得一提。

基因是否對天分有影響？

天分不是老天賞賜的，而是重複某項行為後被創造出來的。既然如此，父母遺傳下來的基因是否會影響一個人的天分？我相信一定有影響。

例如，日本音樂人小澤健二的家族十分顯赫。他本人畢業於東京大學，父親是德國文學家，母親是心理學家，叔叔是知名指揮家小澤征爾，其他家族成員也有許多知名人士。他的天分似乎與我們來自不同的次元，這的確是基因層面的影響。

話說回來，當自己的家人是某領域的專家，自己也想跟進時，受到的阻力一定比一般家庭小。看到家人走那條路，自己也想繼承衣缽的「自我效能」，肯定會影響一個人的決定。不知道基因檢測是否能測出這樣的影響有多大？

是基因重要？還是環境？

人生就是專心去做自己做得到的事，
不要後悔做不到的事情。

——霍金（Hawking）

決定一個人的未來，關鍵究竟是基因還是環境？這個問題相當複雜，也爭論已久。加拿大心理學家唐納德・赫布（Donald Hebb）針對基因或環境這個問題，他說：「這個問題，就跟決定長方形面積的是，豎邊還是橫邊的長度一樣。」

我最喜歡的是沃爾特・米歇爾的說法，「環境與基因緊密融合，交織出一段舞蹈，這就是我們的樣貌。這段編排好的舞蹈，不可能還原成其中任何一方。」一對男女共舞，表現出舞蹈之美，還要追問哪一方創造出這麼美麗的舞蹈，是毫無意義的。

堅信意志力無限，才最有力量

知名卡通人物史努比（Snoopy）曾說：「只能以手中的牌一決勝負。」手中的牌也包括受到領悟力和基因影響的牌。不過，我們可以藉由習慣，像玩撲克牌一樣將其中幾張牌交換出去，拿回幾張自己要的牌。

心理學家卡蘿・杜維克（Carol Dweck）提出一個關鍵概念。她發現在意志力實驗中，認為意志力無限的人，表現比認為意志力愈用愈少的人還要好。姑且不論意志力是否真的會愈用愈少，認為意志力不會減少的想法，對自己較有利。天分和基因也是同樣的道理，比起認為基因決定一切的人，相信一切還有很大改變空間的人，走的路絕對比較遠。

我只是比較有自覺而已？

實踐習慣後，我有時會想我這麼做，會不會只是因為我「比較有自覺」？朋友看我戒酒又戒甜食，還會對我說我沒辦法跟你過一樣的生活。心理學家貝瑞・史瓦茲（Barry Schwartz）將人分成兩種，分別是收聽廣節目時，「聽當下的電台就滿足的人」，與「會一直轉頻道，尋找自己想聽的電台的人」。

前者是「滿足化者（Satisfier）」，購物時只要找到可以穿的衣服就滿足；後者是「極大化者（Maximiser）」，只想買最完美的衣服，因此會花許多時間與心力購物。我非常明顯屬於後者，極大化者一要找到讓自己滿意的東西，才會開心，因此付出的代價都很大。一旦追求極大化的目標，個人的幸福便顯得微不足道。

我只要沒做完該做的事，就會覺得沮喪，大概就是這個原因。發生這種事情會立刻產生負面情緒的人，通常對自己的要求都很高。有些人即使沒有特別的長處，過得也很幸福；有些人臉上總是帶著幸福的笑容，天分與幸福是截然不同的兩件事。對於那些沉浸在幸福中的人，早已無須提醒他們要養成好習慣和堅持努力了。

習慣養成後，你會更喜歡自己

別問這個世界需要什麼。
問你自己，什麼事能讓你充滿活力，然後就去做吧！
因為這世界需要的，就是充滿活力的人。

——哈羅德·惠特曼（Harold Whitman）

有一位年輕女演員說：「我喜歡努力的自己。」這句話令我難忘。實踐習慣可以獲得各種獎勵，最大的獎勵就是肯定自己、喜歡自己。某天我正在看推特，一名暱稱為「偉大店長」的網友突然貼了一句話：「對絕大多數的人來說，最有效的目標就是『成為一個開心的人』。」

我算是比較沒有情緒起伏的人，但在完成一整天的慣性行為後，情緒上會變得高漲（與平靜的我相比）。當今天該做的事都做完了，我會感到開心，一切順利且心情愉快，接著就會支持其他人去追逐夢想。當自己處於逆境，就想在言語上攻擊他人。當一個人專心做自己想做的事，就不會在意別人在做什麼，因為所有的注意力在自己身上。

但是，當一個人無法做自己想做的事，覺得自己沒用，就不想肯定別人的努力成果。因為自己做不到，便想抹滅別人的努力，這是很自然的防衛心態。當一個人開始做出無謂的批判，都是源自於自我否定感。流淚的雙眼就只會看到扭曲的現實世界，所以一定要保持心情愉快，才能對其他人表達善意。

對現狀滿足就夠

心理學家安德斯・艾瑞克森（Anders Ericsson）研究許多世界頂尖人才，包括運動員、音樂家和學者，這些一流人物中，沒有一個人認為「練習」這件事很有趣。

假設你想在兩小時內跑完馬拉松比賽，像馬拉松這類以極精準的時間分出勝負的比賽，跑起來真的很辛苦。這代表你必須比這個世界上的所有人跑得更快，因此必須付出超乎想像的努力。

練習時必須跨出舒適圈，承受超過極限的負荷，這樣的練習絕非輕鬆愉快。不過，大多數人無須達到頂尖的目標，每個人心中都有一個「裁判」。我心中的裁判比其他人嚴格，因此我只要沒做到自己養成的習慣，就會感到沮喪。不過，若是你無法早起、無法運動也覺得無所謂，而且感到心情愉快，這樣也很好。

有一次我跟好久不見的高中同學見面，發現他變得很胖，他笑著說：「我覺得這樣也很好。」他已經進入放棄，也就是看清事實的狀態。雖然我的目標與他不同，但我們都對現狀感到滿意。

習慣等於回到原始生活？

我不在乎複雜世界裡的單純，
但我願犧牲一切得到複雜世界外的單純。
——奧利弗・溫德爾・霍姆斯（Oliver Wendell Holmes）

有時我也會想，我現在養成的習慣都是很簡單的內容。約翰・瑞提曾說：「我能給的最好建議，就是希望各位效法古人的日常生活。」古人的日常生活是日出而作、日落而息（睡覺）。在有限的時間裡，四處打獵、採集食物（工作、運動），聽從大自然和長輩的教誨（學習），唱歌、跳舞（從事興趣、鑑賞藝術）。

人體構造是為了從事這些行為而存在，運動可促進學習的神經元成長，運動的辛苦可幫助大腦分泌壓力賀爾蒙，提升欣快感。現代社會交通發達，許多人不再運動；吃太多美食，吃完後只想躺著休息，人逐漸感受不到原有的喜悅情緒。

買車、旅行、到餐廳吃美食、讓孩子受教育，每個人的生存成本愈來愈高，必須犧牲珍貴的睡眠時間努力工作，賺取基本所得，這根本就是本末倒置的做法。我繞了一大圈，才終於透過習慣重拾古人自然感受到的原始喜悅。

生存＝成長的遠古時代

過去的生活洋溢著成長的喜悅，因為當時的工作不像現代過度細分化。古人必須學會追蹤與獵殺獵物的技巧，不僅如此，還要從環境解讀天氣，尋找水源。編繩、製作器物，利用大自然素材蓋房子，還有畫畫和占卜。生活中有許多一輩子都學不完的驚奇事物。

姑且不討論古老的狩獵生活，回顧日本的戰前社會，當時幾乎所有人都是上班族，每個人都是以一擋百。在那個年代，活愈久學到的東西就愈多，因此大家都很尊敬年長者，因為生存等於成長。

人為什麼要追求成長？

根據格雷戈里・柏恩斯的說法，當人遇到出乎意料或從事從未做過的行為，也就是感到新鮮感時，就會分泌大量多巴胺。格雷戈里・柏恩斯合理推測當人從環境中獲取新資訊，並認為可幫助自己活下去時，多巴胺就會對新事物產生反應。

心理學家懷特（White）認為人會從自己所處環境中收集資訊，提高環境適應力，人也會本能地友善環境，確認自己是個有用的人。綽號為茄子導播的友寄隆英製作的電視節目《無人島零圓生活》，找來藝人在無人荒島上自力生活；好萊塢電影《浩劫重生》（Cast Away）描述主角漂流到無人島努力求生的過程。如果你看到這些內容會感到情緒高漲，就能深刻理解人類的本能，懷特將這項本能稱為「勝任感」（Competence）。

若回到一萬年前，人類必須每天四處行走覓食的時代，每個人都能充分體會到多巴胺的滿足感和本能的勝任感。時間一到就搬家，享受探索新環境與控制環境的樂趣。人類滿足好奇心與追求成長的需求，或許就是來自這些本能。

必須刻意追求成長的現代

與古人不同，現代人必須刻意追求成長的機會。就像我，有一次想調查可以吃的雜草，於是開始認真觀察路邊的野草，覺得四周風景變得不一樣了。報名參加水泥匠與鋪地板教室，注意到店面翻修工法，於是想要自己做一間行動小屋，開始接觸建築工法後，改變了對於寺廟的看法。有了乘坐橡膠船沿河而下的經驗後，每次從車窗往外看到河流，就會忍不住想這條河流向何方。

當自己關心的層面變多了，我們就會從各層面接收到新刺激，建立與以往截然不同的世界。話說回來，分辨可以吃的草、蓋房子、溯溪而下，這些都是古人在生活中自然學會的知識與體驗。正因為現代社會與過去不同，所以我們必須刻意追求成長。

對我來說，活動身體也是同樣的道理。隨著做瑜珈的次數增加，我漸漸能聽見身體的聲音。每天慢跑，也讓我更加了解身體。如果沒有開拓適合自己的成長機會，我只能享受這個世界早就準備好的制式樂趣。

遊樂園和手遊確實很好玩，因為那是為了取悅所有人而設計的，但是有遊戲規則的制式娛樂，總有一天會令人厭煩。最後，你也會厭倦自己。把適合自己的成長機會當成習慣，並持續下去，感受全新的自己，滿足人類的本能。

幸福的陷阱

不要篤信成功，而是要篤信成長。

——本田圭佑

人需要成長還有其他原因。幸福無法像錢一樣存下來，就像幸福的錢包底部破了一個大洞。

我的前作《我決定簡單的生活》全世界翻譯成二十多國語言，再版不斷，海內外有數百家媒體爭相報導。直到今天，我還收到來自國外的讀者來信，感謝我改變了他們的人生。

從客觀角度來看，算是很大的成功吧。對沒沒無聞的我來說，已經達到前所未有的成就，但這個成就的瞬間就變成一個比較的基準點。每次接受採訪，一直重複相同內容，我覺得自己被掏空了。我翻閱過去的日記，發現每次作品大賣，享受輝煌的成就之後，我都會責備自己，就像奧運選手奪牌後和阿波羅計畫的太空人，完成任務的憂鬱感一樣。

飲酒過量導致情緒低落，工作上沒有成就感也讓自己感到沮喪。幸福和金錢不同，幸福無法被儲蓄下來，也無法被提領，用來彌補現在欠缺的自我肯定感。

前一刻的行為會影響我們的意志力，完成目標的瞬間，就能產生自我肯定感。有鑑於此，我們每天都需要滿足感與成長帶來的成就感，炫耀過去的成就無法肯定現在的自己。

不安不會消失，那該怎麼辦？

無論累積多少經驗都無法消除不安，
我們只能與不安共存。

——大杉漣

透過習慣獲得每天的成就感，可以讓我們好好與不安相處。自由工作者的生活充滿不穩定，「我能繼續做這份工作嗎？」、「我還剩下多少存款？」等煩惱。不過，我現在不會感到憂慮，就算感到不安也不是因為存款不夠，而是工作上沒有成就感，整天無所事事，到了晚上就會極度憂慮。

體重也是如此。有時我認真運動、嚴格忌口，隔天量體重卻發現變重了。不過，我並不會因此而氣餒。當我做了該做的事，即使沒有結果我也不在意。這個時候我才真正明白，我的沮喪來自我沒做該做的事。

不安與煩惱是情緒問題，不在行為或事件本身。我只要感到情緒低落就去跑步，促進大腦血液循環，分泌多巴胺和皮質醇，這個做法有助於轉換情緒，可以更有自信地面對問題。

人需要不安

沒有人喜歡痛，但它是必要的。如果腿部骨折時沒有疼痛感，我們無法治療傷口，最後導致傷口惡化。疲勞也是一樣，當我們度過充實的一天或達成目標後，疲勞是提醒我們該休息的訊號。

不安同樣如此。沒有不安，我們就容易衝動、不計後果；有不安，我們才會擬定計畫。過度的不安會危害健康，但適度的不安可以提醒我們，現在是該成長的時候。按部就班地完成每天該做的習慣，可以減少煩惱的時間。透過習慣獲得每天的成就感，就能與絕對不會消失的不安和平共存。

不安是面對未知未來產生的感受，珍惜現在，持續走下去就能遇見未來。好好累積每一天的滿足感，未來就在你的掌握之中。

心是由習慣形成的

心變了，態度就會變。
態度變了，行動就會變。
行動變了，習慣就會變。
習慣變了，個性就會變。
個性變了，命運就會變。
命運變了，人生就會變。

——印度教的教義

習慣的運作機制不僅適用在早起、運動等，就連心也是由習慣形成的。例如，我們說話時的語句，很多都出自於「不加思索脫口而出」的習慣。上小學前的小孩下公車時，都會大聲向駕駛員說謝謝。每次看到這種情景，就忍不住會心一笑。可是，隨著年紀愈來愈大，我們不再向人道謝。

雖說公車駕駛員是領薪水做事，但若沒有他的駕駛，我們不可能到得了目的地。況且我們向他道謝，車票也不會變貴。對駕駛員表達謝意，還能讓駕駛員對自己的工作感到成就感。每次想到這一點，下公車時我一定會向駕駛員說聲謝謝。

即使是如此簡單的事，剛開始還是要做好準備。下車前拿出錢包，準備付車票，然後開始感到緊張，因為其他人幾乎不會向駕駛員道謝，只有自己做的時候，難免感到緊張。不過，只要多做幾次，就能在下車時自然說謝謝。這代表「下車說謝謝」的行為已經成為我的習慣。

養成態度親切、面帶笑容的習慣

上班通勤時，看到前面的人掉東西，我們一定會下意識地撿起來還給對方，這是種無意識的行為，也是一種展現態度親切的習慣。我去紐約時，只要在路上看到推著沉重嬰兒車的家長，一定會有親切的路人上前幫忙，讓我相當感動。我們會很自然地向別人展現親切態度，就像反射動作般地的自然。關於這點，日本人天性保守，即使很想上前幫忙也會考慮再三。

意志力不是單純的能量或勞力，不會愈用愈少，而且只要感受正面情緒就能立刻充滿電。不經意的親切態度，能為雙方帶來愉快的心情，也能更順利地完成後續的習慣養成。

有些人笑容可掬，很容易感染別人。我不擅長笑，嘴部四周的表情肌很僵硬，所以我只要在家看到鏡子就會練習如何笑。雖然聽起來有點驚悚，不過，只要多做幾次，一看到鏡子就會自動面帶微笑。我現在還是不擅長看到人就笑，但養成習慣之後，至少拍照時的表情比過去好多了。這就是我，但還是能透過習慣慢慢改變。

思考的習慣

我是個不善言詞的人，但為了推廣極簡主義，我改變過去的想法，不斷上廣播節目宣傳。久而久之，無論主持人問我什麼問題，我都能對答如流。會有這個結果也是很自然的，我長時間思考極簡主義，在寫書過程中不斷問自己各種問題。提問對我來說已經變成一種「提示」，回答變成習以為常的「慣性行為」。

不擅長說話的人，怕的不是說話這件事，而是當別人問起自己沒想過的問題，無論頭腦多好，都無法立刻回答。只要透過習慣，我們可以迅速說出自己思考過的意見，我長期思考極簡主義，腦中早就有許多養成習慣的思考模式。

東西愈多愈好的觀念，仍是目前社會的主流價值觀，但我知道東西少也有東西少的充實感。這一點讓我養成了對任何事提出質疑的思考習慣，我會質疑「現在大多數人相信的價值觀是真理嗎？」。

我了解有得就有失，有失就有得的道理，於是我學會問自己：「你希望從自己沒有的事物中，獲得什麼樣的價值？」有時在公園看到父母親帶著小孩在公園野餐，看起來幸福快樂的場景，單身的我不禁感到羨慕。但下一刻我會更珍惜自己擁有的隨心所欲和自由自在。

不用刻意檢視自己擁有什麼，因為你會很自然地在某些時刻想起來。我不會忘記什麼對我是重要的，只要每天實踐想要的生活就夠了，這就是思考的習慣。在無數的價值觀中，我不斷篩選出自己要的，久而久之變成習慣，自然不需要經過判斷就能做出選擇。

有人曾問作家高城剛，會不會讓自己的作品加入亞馬遜的電子書任讀計劃「Kindle Unlimited」，他的答案是「我會採取新的方式」。當你有許多選擇時，與其詳細調查研究，不如選擇新的方法。藝術家岡本太郎做決定時，習慣選擇會失敗的方法，所以他每次都選擇很可能粉身碎骨的高難度挑戰。

不要喚醒意識，煩惱該做什麼選擇，而是透過習慣去決定。人沒有能力詳細研究每個選項，選出最好的方案。但只要是透過自己堅信的價值觀所選擇的方向，無論結果如何，自己都能接受。

人往往都是在事後才「認定」自己的選擇最好，只要利用這一點，就能加快判斷速度，不浪費任何時間。

習慣從現在這一刻就開始

威廉・詹姆士認為習慣就像滴水穿石，當水流過荒地，剛開始沒有水道，水會四處流動，無法聚集。但長久以往下來，水慢慢往下切割侵蝕，穿出一條通路，形成一條又深又廣的水道。水流就像人類的神經迴路，當大腦接受刺激，電子訊號穿過神經元，每次流動都會建立更強的連結。

「你每天想的事情，會讓你成為那樣的人」這句話說的一點都沒錯，人一天會想七萬件事，每個不同的想法在腦中激盪，慢慢影響自己。思考次數愈多的事情，就會形塑了一個人的人格。老天爺很忙，無法一一照看我們的所做所為。但我們所想的，會影響我們所看的，而我們所看的，會影響我們所做的，時時刻刻都在影響著大腦，最後形成習慣。

怠惰的痛苦、活躍的痛苦

智慧不是用來排除事物，而是用來接受事物。

——《下一站格林威治村》

我有半年的時間每天無所事事、怠惰度日，這樣的日子確實有快樂之處，但完全沒有成長的喜悅和滿足感，過起來其實很痛苦。每當看到無法行動或工作的人，旁人總是會貼上懶惰的標籤。

當這樣的人，生活陷入困境，人們就會用自作自受去責備對方。但我很清楚懶惰不做事、成天享樂的生活，一點也不開心，因為這樣的生活不會讓人肯定自己，也不會產生自我效能，事實上十分痛苦。

不僅如此，即使是在第一線活躍的人，他們過得也很痛苦。他們收入很高、備受各界讚賞，得到的獎勵或許很多。但他們付出的努力充滿艱辛，他們的好友圈和社群壓力也很大。

有人曾經問鈴木一朗「如果還有下輩子，會不會再走同一條路」，他的答案是「絕對不會」。為什麼他會有這樣的答案？我個人的猜測是，到了鈴木一朗這個等級，無論創造多好的成績，到最後都變成理所當然。即使年紀大了，表現也不能變差，大家都會覺得他一定做得到，當外界給予的評價過度膨脹，獲得的獎勵就會愈來愈少。

從情緒反應看見的幸福

意志力是一種虛無飄渺的概念，無法鍛鍊，卻與情緒緊密相連。只要觀察各領域菁英的表現就能證明這一點，例如，職業運動員無法抵抗禁藥的誘惑，染上毒癮或沉迷性愛。

無論是政治家或電影製作人，成功人士爆出醜聞的例子屢見不鮮，就連艾瑞克・克萊普頓（Eric Clapton）與布萊德・彼特（Brad Pitt）也有酗酒問題，足球名將席丹竟在引退賽中，因不明原因發生「頭槌事件」。

榮獲七座葛萊美獎的火星人布魯諾（Bruno Mars）在睽違四年後，於二〇一八年再次造訪日本，在埼玉縣 Super Arena 舉辦演唱會。演唱途中竟因前排觀眾猛拿手機自拍，惹火了他，他就向觀眾丟擲毛巾。無論他的音樂成就有多亮眼，他絕對不會比台下展露笑容的觀眾來得幸福。

人無論到哪都只是人。但人對於表現優秀的菁英或有社會責任的名人，都期望他們能隨時展現出堅強意志力。但是，沒有人能做到這一點，因為每個人都有情緒，而意志力與情緒息息相關。正因如此，我們應該平常心看待所有名人，至少當他們失敗時，不要否定他們創造的其他成就。人是愚鈍的，這也是他們值得敬愛的地方。

每個人都差不多幸福、差不多不幸

溝通、專注、學習，甚至是跳舞，
都能讓我們感到快樂。
所以，快樂是生活的副產品、副作用。
我們應該不要只顧著尋找快樂，
而忽略了體驗生命歷程裡的各種快樂。

——《尋找快樂的十五種方法》

人無法持續對已經擁有的東西感到快樂，演化心理學家丹尼爾・內特勒（Daniel Nettle）認為人類的習性是朝三暮四，人的心理就是「雖然我喜歡草莓田，但說不定對面那條河可以抓到許多鮭魚。」

若以生存為標準，草莓田已經能滿足我們的需求，無須挑戰新事物，生活也能過得輕鬆自在。但是，人類就是永不滿足。用生物學觀點去解釋，當我們擁有的東西（草莓田）過剩，環境改變可能影響我們的生存。若能找到新的糧食，即使草莓田毀了，還是能活下去，因此人類必須不斷尋找新事物。

滿足現狀的人一定很幸福，但有些人不安於現狀，不斷挑戰新事物，這些都是本能影響下會產生的行為。所以，人無論到哪裡都會煩惱、都會不安。人天生就是尋找新事物的天才，無論處於任何環境都會適應，也會厭煩。與其將煩惱與不安視為自己的問題，不如當成與生俱來的生存機制比較妥當。

音樂家前野健太有一首名為《煩惱、不安，最棒！》的曲子，既然我們永遠要跟煩惱與不安共存，不如將它視為好朋友。《我決定簡單的生活》在全球大賣後，我對不安和煩惱，深有同感。儘管如此，我還是設定了下一個目標，還想做其他更多的事。未來還是一樣，我能做的就是不斷累積自己的滿足感，而且我已經不太思考自己是否幸福。

每天心情平靜，吃得好、睡得好，身邊有意氣相投的朋友與自己愛的人。擁有這些的人，無論走到哪裡，都有相對應的幸福，也會遇到相對應的不幸。

痛苦是我們的夥伴

痛苦不會消失，但痛苦會讓人消失。

——永井宗直

我剛開始養成習慣時，對痛苦和快樂有這樣的體悟。

● 先苦後樂＝努力

● 先樂後苦＝怠惰

努力與怠惰的差異只是痛苦與快樂的先後順序不同，那就代表，努力與怠惰其實是相同的行為。維持習慣過了一段時間後，我開始分不清痛苦與快樂。努力的過程中當然有苦，跑步跑得氣喘吁吁、舉起槓鈴所以肌肉痠痛，做完這些行為後，又會感到無比滿足。因為這樣才明白，正因為我當時感到痛苦，才能感受到後來的滿足感。

又過了一段時間，我又開始無法分辨我現在感受到的是痛苦或快樂。痛苦和快樂的時間軸突然緊縮，幾乎重疊在一起。我現在感受到的痛苦中有快樂，同樣的，快樂中也有痛苦。養成習慣後，痛苦並不會消失，但能開始能將痛苦視為夥伴。

我一直不明白，減少痛苦是否正確，但事實似乎與我想的不同。僧侶永井宗直認為打掃也是佛道修行之一，不能因為覺得這裡很乾淨就不必打掃。「修行是必須排除任何思考的餘裕，不讓自己有時間想東想西，才能專注在該做的事情上。我們也不會任意判斷現在是得是失、是苦是樂，沒有得失苦樂之分的狀態就是『悟道』。」

過去我認為我必須戰勝痛苦，才能獲得超過痛苦的快樂。但我現在可以從與過去不同的角度看待痛苦。「Compete」在英文是競爭的意思，但拉丁文的原義是「並肩作戰」。我現在就像是警匪電影中陷入槍戰的刑警，必須相信名為痛苦的夥伴，有他做我的後盾，讓我可以無後顧之憂拚死奮戰。痛苦不是敵人，它是與我們一起奮戰的夥伴。

跑步吧！邊跑邊想、邊想邊跑

我現在有一個夢想。過去我一直很想跑馬拉松比賽，但看到參賽選手就發現我的水準與他們差太多，最後還是覺得不如當觀眾好了，所以在旁觀賽了很長一段時間。

當時我做的事情並不是真正去跑，而是看了《如何跑完馬拉松比賽》這類實用書。看完之後，我很擔心跑步姿勢不正確，讓大家看笑話。有一次，我鼓起勇氣報名參加馬拉松比賽，到了會場我開始做各種準備。聽到起跑槍聲，我卻因為緊張，重綁鞋帶好幾次，還不斷做伸展操。

就在我東摸西摸的時候，已經有選手回到跑道，開始繞著跑道跑。終於在快要有選手跑過終點線時，我才好不容易開始跑。我出發得太慢，可能我還沒跑回終點，場地早已整理完畢。

這個經驗讓我明白無論我落後別人幾圈，就算我沒辦法在時限內跑完，只要我覺得滿意就夠了。我不在觀眾席也不在電視機前面觀賽，我現在與其他選手一樣，在跑道上往前跑。

痛苦：「接下來會更痛苦，你要不要放棄？」

我：「喂！你以為你在跟誰說話啊！」

好了，綁好鞋帶後，踏出第一步，往前跑吧！

結語

因為你們，我不斷書寫

我寫這本書時，還沒養成每天寫稿的習慣，所以這段過程就像是在暴風雨中航行，不，應該說每天都在觸礁（笑）。每天寫稿是我最後才養成的習慣。

二〇一六年一月七日，我忽然決定了下一本書的主題是「習慣」。當時我正坐在前往御茶水的電車上，在日記裡寫下「下本書的主題就是習慣！」幾個字。直到兩年半之後，這本書才問世。為什麼花了這麼久的時間？現在我才明白真正的原因。

原因就是約翰・厄普代克的名言：「不寫太輕鬆了，一旦習慣安逸就再也寫不出來了。」這就是我的寫照，我已經習慣不寫了，這件事成了我的慣性行為。

既然我要寫習慣這個主題，一定要具備相關知識，才能向讀者分享我在寫書過程中學會的習慣養成模式。說來真的很不可思議，我竟然是從自己寫的內容中學習，最後完成了這本書。

因為寫作的過程太過曲折，我不斷向出版社拜託，希望能延後出版日期，截稿日也一延再延，直到最後的最後才使出前編輯的驚人密技，才終於完成。而我的截稿日剛好遇上責編八代真依的婚宴與蜜月期，我一直想在截稿日前完成，讓責編開心地去旅行，沒想到完全來不及。即使在這麼緊急的時刻，八代編輯也從未催過我，給我極大溫暖，真的感到很抱歉。對了，新婚愉快，恭喜妳。

我還要感謝書籍編輯部的內田克彌，他雖然不是我的責編，卻仔細閱讀我的初稿，給我許多中肯的建議。作者最需要的就是意見提供，從這次經驗中，我深深感受編輯是作者寫書時最重要的推手，謝謝你。

我是個資歷尚淺的新人作家，感謝書籍編輯部主編青柳有紀，給我很大的幫助與關懷。這本書正是由我的老東家 Wani Books 出版，能跟大家一起完成這本書，我備感榮幸。製作部的大塚俊幸、營業部的櫻井釋仁與全體夥伴，給你們添麻煩了，多謝你們的協助。

感謝山口勢子繪製出比想像中更出色的插圖，還創作了許多難分軒輊的封面設計。此外，我還要感謝兼顧我要求的所有細節，設計出完美作品的設計師西垂水敦。

感謝負責 DTP 排版、校正與印刷的所有夥伴，辛苦你們了。因為我做得不夠好，造成各位的困擾，也感謝通路、物流與書店的協助。

感謝書中介紹的研究學者、創作者和運動員，因為有各位所說的話，再經由我的消化吸收、重新編輯，才能成為書的一部分。在此向各位付出的努力致上深深的敬意。我還要感謝我的父母，神奇的是，我要感謝的內容與上一本書一模一樣。

進行棉花糖實驗的沃爾特．米歇爾曾經說過自己的育兒看法，他說有些父母會過度干涉小孩的一言一行，有些父母則會尊重小孩的選擇權和自主性，從小受到尊重的孩童，在棉花糖實驗中學習到成功的技巧。我一直認為自己是個意志力薄弱的人，但我的父母很尊重我的選擇，他們的養育方式也影響了我現在的習慣。

二十九歲那一年，當時還很年輕的父親過世了。我也從那一年開始運動，就好像父親在告訴我，要運動、要忌口。我的母親曾經是馬拉松選手，她也是讓我想跑馬拉松的原因，謝謝媽媽！

第三章提到，養成習慣的的祕訣之一就是「事先宣告」。我想利用這本書給自己一點壓力（笑），我要搶先宣布下一本書的主題是「戒酒」。具體的方法，我會在下一本書裡寫得更具體，書名就先暫定《快樂地戒酒》吧。

喝酒是一件開心的事，戒酒也同樣讓人開心。各位請放心，如果你不想戒酒，我不會勸你戒酒。此外，我也想寫大家都很重視的情緒和金錢，書名就叫《情緒貨幣論》，或是將棉花糖想像成雲朵的認知力，書名就是《任意改寫發生的事實》。我想挑戰同時寫兩本書，同時向習慣之神安東尼・特洛勒普學習，寫完這本書的同時，立刻寫下一本書。

我上一本作品《我決定簡單的生活》有二十三國的翻譯版本，所以有國外出版社跟我說，要是我寫了新書，他們還想繼續出版。當時我根本還沒寫，覺得壓力好大。不過，多虧有這些出版社的支持，以及在新書即將發行前，留言給我說已經預購的讀者們，因為你們對我的期待，讓我完成了這本書。

我孤身一人搬到鄉下過著隱居生活，未來我可能還是會過這樣的生活。若不是為了各位，我不可能繼續寫作，這件事讓我深深感受到「我為人人」的使命感。

二〇一八年五月二十七日　**佐佐木典士**

參考文獻

有中文譯本的作品：

大衛・伊葛門《躲在我腦中的陌生人》漫遊者文化
丹尼爾・吉伯特《快樂為什麼不幸福？》時報出版
史蒂芬・蓋斯《驚人習慣力：做一下就好！微不足道的小習慣創造大奇蹟》三采
史蒂芬・金《史蒂芬・金談寫作》商周出版
池谷裕二《大腦動不動就找藉口》PCuSER 電腦人文化
池谷裕二、系非重里《海馬體：大腦真的很有意思！》如何
吉本浩二、宮崎克《怪醫黑傑克的誕生：手塚治虫的創作祕辛》台灣東販
安琪拉・達克沃斯《恆毅力：人生成功的究極能力》天下雜誌
村上春樹《關於跑步，我說的其實是……》時報出版
查爾斯・杜希格《為什麼我們這樣生活，那樣工作？》大塊文化

格雷戈里・柏恩斯《好滿足》大塊文化
強納森・海德特《象與騎象人》網路與書出版
梅森・柯瑞《創作者的日常生活》聯經出版公司
凱莉・麥高尼格《輕鬆駕馭壓力：史丹佛大學最受歡迎的心理成長課》先覺
夢枕獏、谷口治郎《眾神的山嶺》木馬文化
遠藤浩輝《全能格鬥士》東立
羅賓・夏瑪《死時誰為你哭泣：101則以終為始的人生智慧》李茲文化

尚未翻譯出版的作品：

小出義雄《每天跑也無法跑完馬拉松》角川SS Communications
小西慶三《一朗流派》新潮社
丹尼爾・內特勒《Happiness: The Science Behind Your Smile》Open Knowledge
伊恩・艾瑞斯《胡蘿蔔與棍子》文藝春秋

池谷裕二《腦與心的構造》新星出版社
池谷裕二《單純的腦、複雜的我》講談社
池谷裕二《大腦也有奇怪的習慣》新潮社
安藤壽康《基因不願面對的真相——所有能力皆為基因》筑摩書房
沃爾特・米歇爾《棉花糖實驗》早川書房
角田光代《到了中年才熱衷運動的原因》文藝春秋
威廉・詹姆士《心理學原理》岩波書店
格雷琴・魯賓《提升：如何管理我們的日常習慣》文響社
國分功一郎《中動態的世界　意志與責任的考古學》醫學書院
梅原大吾《連勝意志力》小學館
湯姆・傑克遜《大腦的奧秘——人類如何感知世界》電子工業出版社
福岡正信《自然農法　一根稻草的革命》春秋社
鮑伯・施瓦茨《減肥無用》白夜書房
羅伊・博美斯特、約翰・提爾尼《增強你的意志力：教你實現目標、抗拒誘惑的成功

心理學》經濟新潮社

外文雜誌：

《牛頓別冊 腦力結構》Newton Press

《思考者》二〇一〇年八月號／新潮社

《PRESIDENT》二〇一六年二月十五日號／PRESIDENT Inc.

《National Geographic》二〇一七年九月號／日經 National Geographic 社

《新潮》二〇一八年三月號／新潮社

《AERA》二〇一八年三月二十六日號／朝日新聞出版社

50 項習慣法則

STEP 01　切斷惡循環

STEP 02　首先，先決定要戒掉什麼

STEP 03　利用轉機

STEP 04　完全戒掉，才最簡單

STEP 05　凡事都要付出代價

STEP 06　找出習慣的提示與獎勵

STEP 07　找出造成壞習慣的元凶

STEP 08　不要把身分當成藉口

STEP 09　首先養成基石習慣

STEP 10　寫下自我觀察日記

STEP 11　利用冥想鍛鍊認知力

STEP 12　幹勁，做了之後才會有

STEP 13　降低門檻

STEP 14　從低門檻開始嘗試

STEP 15　想戒掉的習慣，就要提高門檻

國家圖書館出版品預行編目資料

我決定簡單的生活 2：50 個不勉強就做得到的習慣
/ 佐佐木典士作 . -- 初版 . -- 臺北市：三采文化，
2019.1 -- 面；公分 . --（Mind Map179）

ISBN 978-957-658-105-2（平裝）
1. 習慣 2. 生活指導
176.74 107021872

suncolor 三采文化集團

Mind Map 179

我決定簡單的生活 2：

50 個不勉強就做得到的習慣

作者｜佐佐木典士 譯者｜游韻馨
日文編輯｜李媁婷 美術主編｜藍秀婷 封面設計｜鄭婷之
內頁排版｜菩薩蠻電腦科技有限公司

發行人｜張輝明 總編輯｜曾雅青 發行所｜三采文化股份有限公司
地址｜台北市內湖區瑞光路 513 巷 33 號 8 樓
傳訊｜ TEL:8797-1234 FAX:8797-1688 網址｜ www.suncolor.com.tw
郵政劃撥｜帳號：14319060 戶名：三采文化股份有限公司
初版發行｜ 2019 年 1 月 4 日 定價｜ NT$360
3 刷｜ 2019 年 3 月 15 日